AF542686

HORACE
TRAGEDIE.

PAR

LE SIEVR CORNEILLE.

Suivant la Copie inprimée

A PARIS.

cIↄ Iↄ c XLV.

A MONSEIGNEUR MONSEIGNEUR LE CARDINAL DUC DE RICHELIEU.

MONSEIGNEVR,

IE n'aurois iamais eu la temerité de presenter à Vostre Eminence *ce mauuais portrait d'Horace, si ie n'eusse cõsideré qu'apres tant de bien faits, que i'ay reçeus d'elle, le silence, où mon respect m'a retenu iusqu'à present, passeroit pour ingratitude, & que quelque juste défiance que i'aye de mon trauail, ie dois auoir encore plus de confiance en vostre bonté. C'est d'elle que ie tiens tout ce que ie suis; & ce n'est pas sans rougir que pour toute reconnoissance ie vous fais vn present si peu digne de Vous, & si peu proportionné à ce que ie vous dois. Mais dans cette confusion, qui m'est commune auec tous ceux qui escriuent, i'ay cet aduantage, qu'on ne peut sans quelque iniustice condamner mon choix, & que ce genereux Romain que ie mets aux pies de V. E. eust pû paroistre deuant elle auec moins de honte, si les forces de l'Artisan eussent respondu à la dignité de la matiere, I'en ay pour garand l'Autheur dont ie l'ay tiree, qui commence à décrire cette fameuse Histoire par ce glorieux Eloge,* qu'il n'y a presque aucune chose plus

 noble

noble dans toute l'Antiquité. *Ie voudrois que ce qu'il a dit de l'action se peust dire de la peinture que i'en ay faite, non pour en tirer plus de vanité, mais seulement pour vous offrir quelque chose vn peu moins indigne de vous estre offert. Le suiet estoit capable de plus de graces s'il eust esté traité d'vne main plus sçauante, mais du moins il a receu de la mienne toutes celles qu'elle estoit capable de luy donner, & qu'on pouuoit raisonnablement attendre d'vne Muse de Prouince, qui n'estant pas assez heureuse pour iouir souuent des regards de V. E. n'a pas les mesmes lumieres à se conduire qu'ont celles qui en sont continuellement esclairées. Et certes,* Monseigneur, *ce changement visible qu'on remarque en mes Ouurages, depuis que i'ay l'honneur d'estre à V. E. qu'estce autre chose qu'vn effet des grandes Idées qu'elle m'inspire quand elle daigne souffrir que ie luy rende mes deuoirs; & à quoi peut-on attribuer ce qui s'y mesle de mauuais qu'aux teintures grossieres que ie reprends quand ie demeure abandonné à ma propre foiblesse? Il faut,* Monseigneur, *que tous ceux qui donnent leurs veilles au Theatre, publient hautement auec moy que nous vous auons deux obligations tres-signalées; l'vne d'auoir ennobly le but de l'Art, l'autre de nous en auoir facilité les connoissances. Vous auez ennobly le but de l'Art, puis qu'au lieu de celuy de plaire au peuple, que nous prescriuent nos Maistres, & dont les deux plus honnestes gens de leur siecle, Scipion & Lelie, ont autrefois protesté de se contenter, vous nous auez donné celuy de vous plaire & de vous diuertir; & qu'ainsi nous ne rendons pas un petit seruice à l'Estat, puisque contribuant à vos diuertissemens, nous contribuons à l'entretien d'vne santé qui luy est si precieuse & si necessaire. Vous nous en auez facilité les connoissances,*

sances, puisque nous n'auons plus besoin d'autre estude pour les acquerir, que d'attacher nos yeux sur V. E. quand elle honnore de sa presence & de son attention le recit de nos Poëmes. C'est là que lisant sur son visage ce qui luy plaist, & ce qui ne luy plaist pas, nous nous instruisons auec certitude de ce qui est bon, & de ce qui est mauuais, & tirons des regles infaillibles de ce qu'il faut suiure & de ce qu'il faut euiter. C'est là que i'ay souuent appris en deux heures ce que mes liures n'eussent pû m'apprendre en dix ans ; c'est là que i'ay puisé ce qui m'a valu l'applaudissemens du Public, & c'est là qu'auec vostre faueur i'espere puiser assez pour estre vn iour vne œuure digne de vos mains. Ne trouuez donc pas mauuais, Monseigneur, que pour vous remercier de ce que i'ay de reputation, dont ie vous suis entierement redeuable, i'imprunte quatre vers d'vn autre Horace que celuy que ie vous presente, & que ie vous exprime par eux les plus veritables sentimens de mon ame.

Totum muneris hoc tui est.
Quod monstror digito prætereuntium
Scenæ non levis artifex,
Quod spiro & placeo, si placeo, tuum est.

Ie n'adiousteray qu'vne verité à cellecy, en vous suppliant de croire que ie suis & seray toute ma vie tres passionnement.

MONSEIGNEVR,

De V. E.

Le tres humble, tres-obeïssant & tres-fidelle seruiteur.

CORNEILLE.

LES ACTEURS.

TVLLE, *Roy de Rome.*

Le vieil HORACE, *Cheualier Romain.*

HORACE, *son fils.*

CVRIACE, *Gentil-homme d'Albe, Amant de Camille.*

VALERE, *Cheualier Romain amoureux de Camille.*

SABINE, *femme d'Horace, & sœur de Curiace.*

CAMILLE, *Amante de Curiace & sœur d'Horace.*

IVLIE, *Dame Romaine, Confidante de Sabine & de Camille.*

FLAVIAN, *soldat de l'armée d'Albe.*

PROCVLE, *soldat de l'armée de Rome.*

La Scene est à Rome dans vne sale de la maison d'Horace.

HORA-

HORACE TRAGEDIE.

ACTE PREMIER.

SCENE PREMIERE.

SABINE, IVLIE.

SABINE.

APprouuez ma foibleſſe, & ſouffrez ma douleur,
Elle n'eſt que trop juſte en vn ſi grand mal heur;
Si prez de voir ſur ſoy fondre de tels orages,
L'eſbranlement ſied bien aux plus fermes courages,
Et l'eſprit le plus maſle & le moins abbatu
Ne ſçauroit ſans deſordre exercer ſa vertu.
Quoy que le mien s'eſtonne à ces rudes alarmes,
Le trouble de mon cœur ne peut rien ſur mes larmes,
Et parmy les ſoûpirs qu'il pouſſe vers les Cieux,
Ma cõſtance du moins regne encor ſur mes yeux.
Quand on arreſte là les déplaiſirs d'vne ame,
Si l'on fait moins qu'vn homme., on fait plus qu'vne femme:
Commander à ſes pleurs en cette extremité,
C'eſt monſtrer pour le ſexe aſſez de fermeté.

IVLIE.

C'en eſt aſſés, & trop pour vne ame commune,
Qui du moindre peril n'attend qu'vne infortune,

D'vn tel abaissement vn grand cœur est honteux,
Il ose esperer tout dans vn succés douteux.
Les deux camps sont rangez au pied de nos murailles,
Mais Rome ignore encor comme on perd des batailles,
Loin de trembler pour elle, il luy faut applaudir,
Puis qu'elle va combatre, elle va s'agrandir.
Bannissés, banissés vne frayeur si vaine,
Et concevés des vœux dignes d'vne Romaine.

SABINE.

Ie suis Romaine, helas! puisque mon espous l'est;
L'Hymen me fait de Rome embrasser l'interest,
Mais il tiendroit mon ame en esclaue enchaisnée,
S'il m'ostoit le penser des lieux où ie suis née.
Albe où i'ay commencé de respirer le iour,
Albe mon cher pays & mon premier amour,
Quand entre nous & toy ie voy la guerre ouuerte,
Ie crains nostre victoire autant que nostre perte.
Rome, si tu te plains que c'est là te trahir,
Fay-toy des ennemis que ie puisse haïr:
Quand ie voy de tes murs leur armée & la nostre,
Mes trois freres dans l'vne, & mon mary dans l'autre.
Puis-je former des vœux, & sans impieté
Importuner le Ciel pour ta felicité?
Ie sçay que ton Estat encore en sa naissance
Ne sçauroit, sans la guerre, affermir sa puissance:
Ie sçay qu'il doit s'accroistre, & que tes bons Destins
Ne le borneront pas chez les peuples Latins,
Que les Dieux t'ont promis l'Empire de la terre,
Et que tu n'en peux voir l'effet que par la guerre.
Bien loin de m'opposer à cette noble ardeur
Qui suit l'arrest des Dieux, & court à ta grandeur,
Ie voudrois déja voir tes troupes couronnées
D'vn pas victorieux franchir les Pyrenees;

Va iusque en l'Orient pousser tes bataillons,
Va sur les bords du Rhin planter tes pauillons,
Fay trembler sous tes pas les colomnes d'Hercule,
Mais respecte vne ville à qui tu dois Romule;
Ingrate, souuien toy que du sang de ses Rois
Tu tiens ton nom, tes murs, & tes premieres loix:
Albe est ton origine, arreste, & considere
Que tu portes le fer dans le sein de ta mere,
Tourne ailleurs les efforts de tes bras triomphans,
Sa joye esclatera dans l'heur de ses enfans,
Et se laissant rauir à l'amour maternelle,
Ses veux seront pour toy, si tu n'es plus contre elle.

IVLIE.

Ce discours me surprend, veu que depuis le temps
Qu'on a contre son peuple armé nos combatans,
Ie vous ay veu pour elle autant d'indifference,
Que si dedans nos murs vous auiez pris naissance:
I'admirois la Vertu qui reduisoit en vous
Vos plus chers interests à ceux de vostre espous,
Et ie vous consolois au milieu de vos plaintes,
Comme si nostre Rome eust fait toutes vos crain-
tes.

SABINE. (bats

Tant qu'on ne s'est choqué qu'en de legers com-
Trop foible pour ietter vn des partis à bas,
Tant qu'vn espoir de paix a peu flater ma peine,
Oüy, i'ay fait vanité d'estre toute Romaine.
Si i'ay veu Rome heureuse auec quelque regret,
Soudain i'ay condamné ce mouuement secret;
Et si i'ay ressenty dans ses destins contraires
Quelque maligne joye en faueur de mes freres,
Soudain pour l'estouffer rappellant ma raison,
I'ay pleuré quand la gloire entroit dans leur mai-
son. (tombe,
Mais auiourd'huy qu'il faut que l'vne ou l'autre
Qu'Albe deuienne esclaue, ou que Rome succom-
be,

Et qu'apres la bataille il ne demeure plus
Ny d'obstacle aux vainqueurs, ny d'espoir aux vaincus,
I'aurois pour mon pays vne cruelle haine
Si ie pouuois encore estre toute Romaine,
Et si ie demandois vostre triomphe aux Dieux,
Au prix de tant de sang qui m'est si precieux.
Ie m'attache vn peu moins aux interests d'vn homme,
Ie ne suis point pour Albe, & ne suis plus pour Rome,
Ie crains pour l'vne & l'autre en ce dernier effort,
Et seray du party qu'affligera le sort.
Esgale à tous les deux iusques à la victoire,
Ie prendray part aux maux, sans en prendre à la gloire,
Et garde, en attendant ses funestes rigueurs,
Mes larmes aux vaincus, & ma haine aux vainqueurs,

IVLIE.

Qu'on voit naistre souuent de pareilles trauerses
En des esprits diuers des passions diverses,
Et qu'en cecy Camille agit bien autrement!
Son frere est vostre espous, le vostre est son amant,
Mais elle voit d'vn œil bien different du vostre,
Son sang dans vne armée, & son amour dans l'autre.
Lors que vous conseruiez vn esprit tout Romain
Le sien irresolu, tremblotant, incertain,
De la moindre meslée apprehendoit l'orage,
De tous les deux partis detestoit l'auantage,
Au malheur des vaincus donnoit tousiours ses pleurs,
Et nourrissoit ainsi d'eternelles douleurs.
Mais hier, quand elle sceut qu'on auoit pris iournée,
Et qu'en fin la bataille alloit estre donnée,
Vne soudaine ioye esclata sur son front.

SABINE.

Ah! que ie crains, Iulie, vn changement si prompt!
Hier dans sa belle humeur elle entretint Valere,
Pour ce riual, sans doute, elle quitte mon frere,
Son esprit esbranlé par les obiets presens
Ne trouue point d'absent aymable apres deux ans.
Mais excusez l'ardeur d'vne amour fraternelle,
Le soin que i'ay de luy me fait craindre tout d'elle,
Ie forme des soupçons d'vn suiet trop leger,
Le iour d'vne bataille est mal propre à changer,
D'vn nouueau trait alors peu d'ames sont blessées,
Et dans vn si grand trouble on a d'autres pensées:
Mais on n'a pas aussi de si gays entretiens,
Ny de contentements qui soient pareils aux siens,

IVLIE.

Les causes, comme à vous, m'en semblent fort ob-(scures,
Ie ne me satisfais d'aucunes conjectures,
C'est assez de constance en vn si grand danger
Que de le voir, l'attendre, & ne point s'affliger,
Mais certes c'en est trop d'aller iusque à la ioye.

SABINE.

Voyez qu'vn bon Genie à propos nous l'enuoye.
Essayez sur ce poinct à la faire parler,
Elle vous ayme assez pour ne vous rien celer.
Ie vous laisse. Ma sœur, entretenez Iulie,
I'ay honte de monstrer tant de melancolie,
Et mon cœur accablé de mille desplaisirs,
Cherche la solitude à cacher ses souspirs.

SCENE II.

CAMILLE, IVLIE.

CAMILLE.

Pourquoy fuyr, & vouloir que ie vous entre-tienne?
Croit-elle ma douleur moins viue que la sienne,

Et que plus inſenſible à de ſi grands malheurs
A mes triſtes diſcours ie meſle moins de pleurs ;
De pareilles frayeurs mon ame eſt alarmée,
Cõme elle ie perdray dans l'vne & l'autre armée,
Ie verray mon amant, mon plus vnique bien,
Mourir pour ſon pays, ou deſtruire le mien :
Et cét obiet d'amour deuenir pour ma peine
Ou digne de mes pleurs, ou digne de ma haine.
Helas !

IVLIE.

Elle eſt pourtant plus à plaindre que vous ; (ſpous.
On peut changer d'amant, mais non changer d'e-
Oubliez Curiace, & receuez Valere,
Vous ne tremblerez plus pour le party contraire,
Vous ſerez toute noſtre, & voſtre eſprit remis
N'aura plus rien à perdre au camp des ennemis.

CAMILLE.

Donnez moy des cõſeils qui ſoient plus legitimes,
Et plaignez mes malheurs ſans m'ordonner des crimes :
Quoy qu'à peine à mes maux ie puiſſe reſiſter,
I'ayme mieux les ſouffrir que de les meriter.

IVLIE.

Quoy ? vous appellez crime vn change raiſonnable ?

CAMILLE.

Quoy ? le manque de foy vous ſemble pardõnable ?

IVLIE.

Enuers vn ennemy qui nous peut obliger ?

CAMILLE.

D'vn ſerment ſolemnel qui nous peut deſgager ?

IVLIE.

Vous deſguiſez en vain vne choſe trop claire,
Ie vous vis encore hier entretenir Valere,
Et l'accueil gracieux qu'il receuoit de vous
Luy permet de nourrir vn eſpoir bien plus doux.

CAMILLE.

Si ie l'entretins hier, & luy fis bon viſage,

N'en

N'en imaginez rien qu'à son desaduantage,
De mon contentement vn autre estoit l'obiet :
Mais pour sortir d'erreur sçachez en le suiet ;
Ie garde à Curiace vne amitié trop pure
Pour souffrir plus long-temps qu'on m'estime parjure,
Quelques cinq ou six mois apres que de sa sœur
L'Hymenée eust rendu mon frere possesseur
(Vous le sçauez Iulie) il obtint de mon pere
Que de ses chastes feux ie serois le salaire.
Ce iour nous fut propice & funeste à la fois,
Vnissant nos maisons il des-vnit nos Rois,
En mesme instant conclud nostre Hymen & la guerre
Fit naistre nostre espoir & le ietta par terre,
Nous osta tout si tost qu'il nous eust tout promis,
Et nous faisant amant il nous fit ennemis,
Combien nos desplaisirs parurent lors extremes,
Combien contre le ciel il vomit de blasphemes,
Et combien de ruisseaux coulerent de mes yeux ;
Ie ne vous le dy point, vous vistes nos Adieux,
Vous auez veu depuis les troubles de mon ame,
Vous sçauez pour la paix quels vœux a fait ma flamme.
Et quels pleurs i'ay versés à chaque euenement,
Tantost pour mon pays, tantost pour mon amant.
En fin mon desespoir parmy ces longs obstacles
M'a fait auoir recours à la voix des oracles.
Escoutés si celuy qui me fut hier rendu
Eut droit de r'asseurer mon esprit esperdu.
Ce Grec si renommé qui depuis tant d'années
Au pied de l'Auentin predit nos destinées,
Luy qu'Appollon iamais n'a fait parler à faux,
Me promit par ces vers la fin de mes trauaux :

Albe & Rome demain prendront vne autre face,
Tes vœux sont exaucés, elles auront la paix
Et tu seras unie auec ton Curiace
Sans qu'aucun mauuais sort t'en separe iamais.

Ie

Ie pris ſur cet Oracle vne entiere aſſeurance,
Et comme le ſuccés paſſoit mon eſperance,
I'abandonnay mon ame à des rauiſſemens
Qui paſſoiẽt les tranſports des plus heureux amãts.
Iugez de leur excés. Ie rencontray Valere
Et contre ſa couſtume il ne me pût déplaire,
Il me parla d'amour ſans me donner d'ennuy,
Ie ne m'apperceus pas que ie parlois à luy,
Ie ne luy pûs monſtrer de meſpris ny de glace,
Tout ce que ie voyois me ſembloit Curiace,
Tout ce qu'on me diſoit me parloit de ſes feux,
Tout ce que ie diſois l'aſſeuroit de mes vœux.
Le combat general auiourd'huy ſe hazarde,
I'en ſceus hier la nouuelle, & ie n'y pris pas garde,
Mon eſprit reiettoit ces funeſtes obiets
Charmé des doux penſers d'Hymen & de la paix.
La nuict a diſſipé des erreurs ſi charmantes,
Mille ſonges affreux, mille images ſanglantes,
Ou pluſtoſt mille amas de carnage & d'horreur
M'ont arraché ma ioye & rendu ma terreur.
I'ay veu du ſang, des morts, & n'ay rien veu de ſuite,
Vn ſpectre en paroiſſant prenoit ſoudain la fuite,
Ils s'effaçoient l'vn l'autre, & chaque illuſion
Redoubloit mon effroy par ſa confuſion.

IVLIE.

C'eſt en contraire ſens qu'vn ſonge s'interprete.

CAMILLE.

Ie le dois croire ainſi puis que ie le ſouhaite,
Mais ie me trouue en fin malgré tous me ſouhaits
Au jour d'vne bataille & non pas d'vne paix.

IVLIE.

Parlà finit la guerre, & la paix luy ſuccede.

CAMILLE.

Dure à iamais le mal s'il y faut ce remede!
Soit que Rome y ſuccombe, ou qu'Albe ait le deſſous,

Cher amant n'attend plus d'eſtre vn iour mon
eſpous, (ſomne)
Mon cœur (quelque grand feu qui pour toy le con-
Ne veut ny le vainqueur, ny l'eſclaue de Rome.
Mais quel obiet nouueau ſe preſente en ces lieux ?
Eſt ce toy Curiace ? en croiray ie mes yeux ?

SCENE III.

CVRIACE, CAMILLE, IVLIE.

CVRIACE.

N'En doutés point, Camille, & renuoyés vn
homme
Qui n'eſt ny le vainqueur, ny l'eſclaue de Rome :
Ceſſés d'aprehender de voir rougir mes mains
Du poids honteux des fers ou du ſang des Ro-
mains.
I'ay creu que vous aymiez aſſés Rome & la gloire
Pour meſpriſer ma chaiſne & hayr ma victoire,
Et comme eſgalement en cette extremité
Ie craignois la victoire & la captiuité.

CAMILLE.

Curiace, il ſuffit, ie deuine le reſte,
Tu fuis vne bataille à tes vœus ſi funeſte.
Et ton cœur tout à moy pour ne me perdre pas
Deſrobe à ton pays le ſecours de ton bras
Qu'vn autre conſidere icy ta renommée,
Et te blaſme s'il veut de m'auoir trop aymée,
Ce n'eſt point à Camille à t'en meſeſtimer,
Plus ton amour paroiſt, plus elle doit t'aymer,
Et ſi tu dois beaucoup aux lieux qui t'ont veu
naiſtre,
Plus tu quittes pour moy, plus tu le fais paroiſtre,
Mais as tu veu mon pere, & peut-il endurer
Qu'ainſi dans ſa maiſon tu t'oſes retirer ?
Ne prefere t'il point l'Eſtat à ſa famille ?

Ne regarde-t'il point Rome plus que sa fille ?
En fin nostre bon heur est-il bien affermy ? (my?
T'a t'il veu comme gendre ou bien comme enne-

CVRIACE.

Il m'a veu comme gendre auec vne tendresse,
Qui tesmoignoit assez vne entiere allegresse :
Mais il ne m'a point veu par vne trahison
Indigne de l'honneur d'entrer dans sa maison.
Ie n'abandonne point l'interest de ma ville,
I'ayme encor mon honneur en adorant Camille ;
Tant qu'a duré la guerre on m'a veu constamment
Aussi bon citoyen comme fidelle amant.
D'Albe auec mon amour i'accordois la querelle,
Ie souspirois pour vous en combatant pour elle ;
Et s'il falloit encor que l'on en vint aux coups
Ie combatrois pour elle en souspirant pour vous.
Oüy, malgré les desirs de mon ame charmée,
Si la guerre duroit ie serois dans l'armée : (ces,
C'est la paix qui chez vous me donne vn libre ac-
La paix à qui nos feux doiuent ce beau succés.

CAMILLE.

La paix ! & le moyen de croire vn tel miracle ?

IVLIE.

Camille pour le moins croyez en vostre oracle.
Et sçachons pleinement par quels heureux effets
L'heure d'vne bataille a produit cette paix.

CVRIACE. (mées

Dieux, qui l'eust iamais creu ! Desia les deux ar-
D'vne esgale chaleur au combat animées
Se menaçoient des yeux, & marchant fierement
N'attendoient pour donner que le cõmandement,
Quand nostre Dictateur deuant les rangs s'auance,
Demande à vostre Prince vn moment de silence,
Et l'ayant obtenu, Que faisons-nous, Romains,
Dit-il, & quel Demon nous fait venir aux mains ?
Souffrons que la raison esclaire en fin nos ames,

Nous

Nous ſommes vos voiſins, nos filles ſont vos femmes.
Et l'Hymen nous a ioints par tant & tant de nœuds
Qu'il eſt peu de nos fils qui ne ſoient vos neueux.
Nous ne ſommes qu'vn ſang, & qu'vn peuple en deux villes,
Pourquoy nous deſchirer par des guerres ciuiles,
Où la mort des vaincus affoiblit les vainqueurs,
Et le plus beau triomphe eſt arrouſé de pleurs?
Nos ennemis communs attendent auec joye
Qu'vn des partis deffait leur dõne l'autre en proye,
Laſſé, demy rõpu, vainqueur, mais pour tout fruit
Deſnué d'vn ſecours par luy-meſme deſtruit.
Ils ont aſſés long-temps iouy de nos diuorces,
Cõtre eux doreſnauant ioignons toutes nos forces
Et noyons dans l'oubly ces petits differents
Qui de ſi bons guerriers font de mauuais parents.
Que ſi l'ambition de commander aux autres
Fait marcher auiourd'huy vos troupes & les noſtres,
Pourueu qu'à moins de ſang nous voulions l'appaiſer,
Elle nous vnira loin de nous diuiſer,
Nommons des combatans pour la cauſe cõmune,
Que chaque peuple aux ſiens attache ſa fortune,
Et ſuiuant ce que d'eux ordonnera le ſort,
Que le party plus foible obeiſſe au plus fort:
Mais ſans indignité pour des guerriers ſi braues,
Qu'ils deuiennent ſuiets ſans deuenir eſclaues,
Sans honte, ſans tribut & ſans autre rigeur,
Que de ſuiure en tous lieux les drapeaux du vainqueur.
Ainſi nos deux Eſtats ne feront qu'vn Empire.
A ces mots il ſe taiſt, d'aiſe chacun ſouſpire,
Chacun iettant les yeux dans vn rang ennemy
Recognoiſt vn beaufrere, vn couſin, vn amy,
Ils s'eſtonnent comment leurs mains de ſang auides

Vo-

Voloient sans y penser à tant de parricides,
Et font paroistre vn front conuert tout à la fois
D'horreur pour la bataille, & d'ardeur pour ce choix.
En fin l'offre s'accepte, & la paix desirée
Sous ces conditions est aussi-tost iurée,
Trois combatront pour tous, mais pour les mieux choisir
Nos chefs ont voulu prendre vn peu plus de loisir,
La vostre est au Senat, le nostre dans sa tente.

CAMILLE.

O Dieux, que ce discours rend mon ame contenté!

CVRIACE.

Dans deux heures au plus par vn commun accord
Le sort de nos guerriers reglera nostre sort,
Cependant tout est libre, attendant qu'on les nomme,
Rome est dans nostre camp, & nostre camp dans Rome,
D'vn & d'autre costé l'accés estant permis
Chacun va renouër auec ses vieux amis
Pour moy, ma Passion m'a fait suiure vos freres,
Et mes desirs ont eu des succés si prosperes,
Que l'autheur de vos iours m'a promis à demain
Le bon-heur sans pareil de vous donner la main.
Vous ne deuiendrez pas rebelle à sa puissance?

CAMILLE.

Le deuoir d'vne fille est en l'obeissance.

CVRIACE.

Venes donc receuoir ce doux commandement
Qui doit mettre le comble à mon contentement.

CAMILLE.

Ie vay suiure vos pas, mais pour reuoir mes freres,
Et sçavoir d'eux encor la fin de nos miseres.

IVLIE.

Allés, & cependant au pied de nos autels
I'iray rendre pour vous graces aux immortels.

Fin du premier Acte.

ACTE

ACTE II.

SCENE PREMIERE.

HORACE, CVRIACE.

CVRIACE.

AInsi Rome n'a point separé son estime,
Elle eust creu faire ailleurs vn choix il-
legitime, (vous
Cette superbe ville en vos freres &
Trouue les trois guerriers qu'elle pre-
fere à tous,
Et ne nous opposant d'autres bras que les vostres
D'vne seule maison braue toutes les nostres :
Nous croirons, la voyant toute entiere en vos
mains, (mains:
Que hors les fils d'Horace il n'est poin de Ro-
Ce choix pouuoit combler trois familles de gloire,
Consacrer hautement leurs nom à la memoire,
Ouy, l'honneur que reçoit la vostre par ce choix
En pouuoit à bon tiltre immortaliser trois,
Et puisque c'est chez vous que mon heur & ma
flame
M'ont faict placer ma sœur, & choisir vne femme,
Ce que ie vous dois estre & ce que ie vous suis
Me font y prendre part autant que ie le puis. (te,
Mais vn autre interest tient ma ioye en contrain-
Et parmy ses douceurs mesle beaucoup de crainte ;
La guerre en tel esclat a mis vostre valeur
Que ie tremble pour Albe & preuoy son malheur,
Puisque vous combatez sa perte est assurée,
En vous faisant nommer le destin l'a iurée.
Ie voy trop dans ce choix ses funestes projets
Et me conte desia pour vn de vos suiets.

HORACE.

Loin de trembler pour Albe, il vous faut plaindre
Rome, Veu

Veu ceux qu'elle reiette & les trois qu'elle nomme,
C'est vn aueuglement pour elle bien fatal
D'auoir tant à choisir & de choisir si mal.
Mille de ses enfans beaucoup plus dignes d'elle,
Pouuoient bien mieux que nous soustenir sa querelle ;
Mais quoy que ce combat me promette vn cercueil,
La gloire de ce choix m'enfle d'vn iuste orgueil,
Mon esprit en conçoit vne masle asseurance,
I'ose esperer beaucoup de mon peu de vaillance,
Et du sort enuieux quels que soient les proiets
Ie ne me conte point pour vn de vos suiets
Rome a trop creu de moy, mais mon ame rauie
Remplira son attente ou quittera la vie,
Qui veut mourir, ou vaincre, est vaincu rarement,
Ce noble desespoir perit malaisément :
Rome, quoy qu'il en soit, ne sera point suiette
Que mes derniers souspirs n'asseurent ma defaite.

CVRIACE.

Helas, c'est bien icy que ie dois estre plaint !
Ce que veut mon pays, mon amitié le craint.
Dures extremités, de voir Albe asseruie
Où sa victoire au prix d'vne si chere vie,
Et que l'vnique bien où tendent ses desirs
S'achepte seulement par vos derniers souspirs ?
Quels veux puisse former, & quel bonheur attendre ?
De tous les deux costés i'ay des pleurs à respandre,
De tous les deux costés mes desirs sont trahis.

HORACE.

Quoy ! vous me pleureriez mourant pour mon pays !
Pour vn cœur genereux ce trespas a des charmes,
La gloire qui le suit ne souffre point de larmes,
Et ie le receurois benissant mon sort
Si Rome & tout l'Estat perdoient moins à ma mort.

CVRIACE.

A vos amis pourtant permettez de le craindre,
Dans vn si beau trespas ils sont les seuls à plaindre,
La gloire en est pour vous, & la perte pour eux :
Il vous fait immortel & les rend malheureux,
On perd tout quand on perd vn amy si fidelle,
Mais Flauian m'apporte icy quelque nouuelle,
Albe de trois guerriers a t'elle fait le choix ?

SCENE II.

HORACE, CVRIACE, FLAVIAN.

FLAVIAN.

IE viens pour vous l'apprendre.

CVRIACE.

Et bien qui sont les trois ?

FLAVIAN.

Vos deux freres & vous.

CVRIACE.

Qui ?

FLAVIAN.

Vous & vos deux freres.
Mais pourquoy ce front triste & ces regards seve-
res,
Ce choix vous desplaist il ?

CVRIACE.

Non, mais il me surprend,
Ie m'estimois trop peu pour vn honneur si grand.

FLAVIAN.

Diray-ie au Dictateur qui deuers vous m'enuoye
Que vous le receuez auec si peu de ioye ? (tour.
Ce morne & froid accueil me surprend à mon

CVRIACE.

Dy luy que l'amitié, l'alliance & l'amour
Ne pourront empescher que les trois Curiaces
Ne seruent leur pays contre les trois Horaces.

FLA-

FLAVIAN.

Contre eux! ah, c'eſt beaucoup me dire en peu de (mots.

CVRIACE.

Porte luy ma reſponſe & nous laiſſe en repos.

SCENE III.

CVRIACE, HORACE.

CVRIACE.

QVe deſormais le Ciel, les Enfers, & la terre
Vniſſent leurs fureurs à nous faire la guerre,
Que les hommes, les Dieux, les Demons & le ſort
Preparent contre nous vn general effort,
Ie mets à faire pis en l'eſtat où nous ſommes,
Le ſort, & les Demons, & les Dieux & les hommes,
Ce qu'ils ont de cruel, & d'horrible & d'affreux,
L'eſt bien moins que l'honueur qu'on nous fait à tous deux.

HORACE.

Le ſort qui de l'honneur nous ouure la barriere,
Offre à noſtre conſtance vne illuſtre matiere,
Il eſpuiſe ſa force à former vn malheur.
Pour mieux ſe meſurer auec noſtre valeur,
Comme il ne nous prend pas pour des ames communes,
Hors de l'ordre commun il nous fait des fortunes.
Combatre vn ennemy pour le ſalut de tous,
Et contre vn incognu s'expoſer ſeul aux coups,
D'vne ſimple vertu c'eſt l'effet ordinaire,
Mille deſia l'ont fait, mille pourroient le faire,
Mourir pour le pays eſt vn ſi digne ſort
Qu'on brigueroit en foule vne ſi belle mort.
Mais vouloir au public immoler ce qu'on ayme,
S'attacher au combat contre vn autre ſoy-meſme,
Attaquer vn party qui prend pour defenſeur

Le

Le frere d'vne femme, & l'amant d'vne sœur,
Et rompant tous ces nœuds s'armer pour la patrie
Contre vn sang qu'on voudroit rachepter de sa vie,
Vne telle vertu n'appartenoit qu'à nous,
L'esclat de son grand nom luy fait peu de ialoux,
Et peu d'hommes au cœur l'ont assés imprimée
Pour oser aspirer à tant de renommée.

CVRIACE.

Il est vray que nos noms ne sçauroient plus perir,
L'occasion est belle, il nous la faut cherir,
Nous serons les miroirs d'vne vertu bien rare :
Mais vostre fermeté tient vn peu du barbare,
Peu, mesme des grands cœurs, tireroient vanité
D'aller par ce chemin à l'immortalité,
A quelque prix qu'on mette vne telle fumée,
L'obscurité vaut mieux que tant de renommée.
Pour moy ie l'ose dire, & vous l'auez peu voir,
Ie n'ay point consulté pour suiure mon deuoir,
Nostre longue amitié, l'amour, ny l'alliance
N'ont peu mettre vn moment mon esprit en balance,
Et puisque par ce choix Albe monstre en effet
Qu'elle m'estime autant que Rome vous a fait,
Ie croy faire pour elle autant, que vous pour Rome,
I'ay le cœur aussi bon, mais en fin ie suis homme.
Ie voy que vostre honneur gist à verser mon sang,
Que tout le mien consiste à vous percer le flanc,
Prest d'espouser la sœur qu'il faut tuer le frere,
Et que pour mon pays i'ay le sort si contraire ;
Encor qu'à mon deuoir ie coure sans terreur,
Mon cœur s'en effarouche, & i'en fremis d'horreur,
I'ay pitié de moy-mesme, & iette vn œil d'envie
Sur ceux dont nostre guerre a consommé la vie,
Sans souhait toute fois de pouuoir reculer,

Ce triste & fier honneur m'esmeut sans m'ébransler,
I'ayme ce qu'il me donne, & ie plains ce qu'il (m'oste,
Et si Rome demande vne vertu plus haute.
Ie rends graces aux Dieux de n'estre pas Romain
Pour conseruer encor quelque chose d'humain.

HORACE.

Si vous n'estes Romain, soyés digne de l'estre,
Et si vous m'esgales faites le mieux paroistre.
La solide vertu dont ie fais vanité
N'admet point de foiblesse auec sa fermeté,
Et c'est mal de l'honneur entrer dans la carriere
Que dés le premier pas regarder en arriere.
Nostre malheur est grand, il est au plus haut point
Ie l envisage entier, mais ie n'en fremis point.
Contre qui que ce soit que mon pays m'employe
I'accepte aueuglement cette gloire auec ioye,
Celle de receuoir de tels commandements
Doit estouffer en nous tous autres sentiments,
Qui prés de le seruir considere autre chose
A faire ce qu'il doit laschement se dispose,
Ce droit saint & sacré rompt tout autre lien,
Rome a choisi mon bras, ie n'examine rien,
Auec vne allegresse aussi pleine & sincere
Que i'espousay la sœur, ie combatray le frere.
Et pour trancher en fin ces discours superflus
Albe vous a nommé, ie ne vous cognois plus.

CVRIACE.

Ie vous cognois encor, & c'est ce qui me tue;
Mais ceste aspre vertu ne m'estoit pas connuë,
Comme nostre malheur elle est au plus haut point,
Souffrés que ie l'admire, & ne l'imite point.

HORACE.

Non, non, n'embrassés pas de vertu par contrain(te,
Et puisq; vous trouuez plus de charme à la plainte;
En toute liberté goustés vn bien si doux,

Voicy

Voicy venir ma sœur pour se plaindre auec vous.
Ie voy reuoir la vostre, & resoudre son ame
A se ressouuenir qu'elle est tousiours ma femme,
A vous aymer encor si ie meurs pas vos mains,
Et prẽdre en son malheur des sentimens Romains.

SCENE IV.

HORACE, CVRIACE, CAMILLE.

HORACE.

AVez vous sceu l'estat qu'on fait de Curiace,
Ma sœur ? CAMILLE.
Helas mon sort a bien changé de face !
HORACE. (sœur,
Armez vous de constance, & monstrés vous ma
Et si par mon trespas il retourne vainqueur,
Ne le receuez point en meurtrier d'vn frere (faire,
Mais en homme d'honneur qui fait ce qu'il doit
Qui sert bien son pays & sçait monstrer à tous
Par sa haute vertu qu'il est digne de vous ;
Comme si ie viuois acheuez l'Hymenée.
Mais si ce fer aussi tranche sa destinée
Faites à ma victoire vn pareil traitement,
Ne me reprochez point la mort de vostre amant,
Vos larmes vont couler, & vostre cœur se presse.
Consommés auec luy toute ceste foiblesse,
Querellez Ciel & terre, & maudissez le sort,
Mais apres le combat ne pensez plus au mort.
Ie ne vous laisseray qu'vn momẽt auec elle, (pelle.
Puis nous irons ensemble où l'honneur nous ap-

SCENE V.

CAMILLE, CVRIACE.

CAMILLE.

IRas-tu ma chere ame, & ce funeste honneur
Te plait il au despens de tout nostre bonheur ?

CVRIACE.

Helas, ie voy trop bien qu'il faut, quoy que ie face,
Mourir, ou de douleur, ou de la main d'Horace,
Ie vay comme au supplice à cét illustre employ,
Ie maudis mille fois l'estat qu'on fait de moy,
Ie hay cette valeur qui fait qu'Albe m'estime,
Ma flamme au desespoir passe iusques au crime,
Elle se prend aux Dieux qu'elle ose quereller,
Ie vous plains, ie me plains, mais il y faut aller.

CAMILLE.

Non, ie te cognoy mieux, tu veux que ie te prie,
Et qu'ainsi mon pouuoir t'excuse à ta patrie.
Tu n'es que trop fameux par tes autres exploits,
Albe a receu par eux tout ce que tu luy dois,
Autre n'a mieux que toy soustenu cette guerre,
Autre de plus de morts n'a couuert cette terre,
Tõ nom ne peut plus croistre, il ne luy mãque rien,
Souffre qu'vn autre icy puisse ennoblir le sien.

CVRIACE.

Que ie souffre à mes yeux qu'on ceigne vne autre (teste
Des lauriers immortels que la gloire m'appreste,
Ou que tout mon pays reproche à ma vertu
Qu'il auroit triomphé si i'auois combatu,
Et que par mon amour ma valeur endormie
Couronne tant d'exploits d'vne telle infamie?
Non, Albe, apres l'honneur que i'ay receu de toy
Tu ne succomberas ny vaincras que par moy; (te,
Tu m'as cõmis ton sort, ie t'en rendray bon con-
Et viuray sans reproche, ou finiray sans honte.

CAMILLE.

Quoy! tu ne veux pas voir qu'ainsi tu me trahis!

CVRIACE.

Auant que d'estre à vous ie suis à mon pays.

CAMILLE.

Mais te priuer pour luy toy-mesme d'vn beau frere
Ta sœur de son mary!

CV-

CVRIACE.

Telle est nostre misere,
Le choix d'Albe & de Rome oste toute douceur
Aux noms iadis si doux de beau frere & de sœur.

CAMILLE.

Viendras-tu point encor me presenter sa teste,
Et demander ma main pour prix de ta conqueste ?

CVRIACE.

Il n'y faut plus penser, en l'estat où ie suis :
Vous aymer sans espoir c'est tout ce que ie puis.
Vous pleurés, ma chere ame,

CAMILLE.

Il faut bien que ie pleure,
Mon insensible amant ordonne que ie meure,
Et lors que nostre Hymen allume son flambeau,
Il l'esteint de sa main pour m'ouurir le tombeau,
Ce cœur impitoyable à ma perte s'obstine,
Et dit qu'il m'ayme encor alors qu'il m'assassine.

CVRIACE. (cours,

Que les pleurs d've amante ont de puissants dis-
Et qu'vn bel œil est fort auec vn tel secours !
Que mon cœur s'attendrit à cette triste veuë !
Ma constance contre elle à regret s'euertuë.
N'attaqués plus ma gloire auecque vos douleurs,
Et laissés moy sauuer ma vertu de vos pleurs ;
Ie sens qu'elle chancelle, & defend mal la place,
Plus ie suis vostre amant, moins ie suis Curiace,
Foible d'auoir desia combatu l'amitié
Vaincroit-elle à la fois l'amour & la pitié ?
Allés, ne m'aymés plus ne versez plus de larmes,
Où i'oppose l'offense à de si fortes armes,
Ie me defendray mieux contre vostre couroux,
Et pour le meriter, ie n'ay plus d'yeux pour vous,
Vangez vous d'vn ingrat, punissez vn volage, (ge?
Vous ne vous monstrez point sensible à cet outra-
Ie n'ay plus d'yeux pour vous, vous en auez pour
moy !

En faut-il plus encor ? ie renonce à ma foy.
Rigoureuſe vertu dont ie ſuis la victime,
Ne peux tu reſiſter ſans le ſecours d'vn crime ?

CAMILLE.

Ne fay point d'autre crime, & i'atteſte les Dieux
Qu'au lieu de t'en hair, ie t'en aymeray mieux,
Ouy, ie te cheriray tout ingrat & perfide,
Et ceſſe d'aſpirer au nom de fratricide.
Pourquoy ſuis je Romaine, ou que n'es tu Romain ?
Ie te preparerois des lauriers de ma main,
Ie t'encouragerois au lieu de te diſtraire,
Et ie te traiterois comme i'ay fait mon frere.
Helas ! i'eſtois aueugle en mes vœux auiourd'huy
I'en ay fait contre toy quand i'en ay fait pour luy,
Il revient, quel malheur ! ſi l'amour de ſa femme
Ne peut non plus ſur luy que le mien ſur ton ame.

SCENE VI.

HORACE, CVRIACE, SABINE, CAMILLE.

CVRIACE.

Dieux ! Sabine le ſuit ! Pour eſbranler mon cœur
Eſt ce peu de Camille ? y ioignez-vous ma ſœur ?
Et laiſſant à ſes pleurs vaincre ce grand courage
L'amenez vous icy chercher meſme aduantage ?

SABINE

Non, non, mon frere, non, ie ne viens en ce lieu
Que pour vous embraſſer, & pour vous dire Adieu,
Voſtre ſang eſt trop bon, n'en craignés rien de laſche,
Rien dont la fermeté de ces grands cœurs ſe faſche;
Si ce malheur illuſtre eſbranloit l'vn de vous
Ie le deſaduoüerois pour frere ou pour eſpous.
Pourray ie toutefois vous faire vne priere
Digne d'vn tel eſpous & digne d'vn tel frere ?

Ie veux d'vn coup si noble oster l'impieté ;
A l'honneur qui l'attend rendre sa pureté,
La mettre en son esclat sans meslange de crimes,
Enfin ie vous veux faire ennemis legitimes,
Du saint nœud qui vous ioint ie suis le seul lien,
Quand ie ne seray plus, vous ne vous serez rien,
Brisez vostre alliance & rompez en la chaisne,
Et puisque vostre honneur veut des effets de haine
Acheptés par ma mort le droit de vous hair,
Albe le veut & Rome, il faut leur obeyr, (vange,
Qu'vn de vous deux me tuë, & que l'autre me
Alors vostre combat n'aura plus rien d'estrange,
Et du moins l'vn des deux sera iuste aggresseur ;
Ou pour vanger sa femme, ou pour vanger sa sœur.
Mais quoy ! vous soüilleriez vne gloire si belle,
Si vous vous animiez par quelque autre querelle,
Vostre zele au pays vous defend de tels soins,
Vous feriés peu pour luy si vous en faisiez moins,
Il luy faut, & sans haine, immoler vn beau frere :
Ne differés donc plus ce que vous deués faire,
Commencés par sa sœur à respandre son sang,
Commencés par sa femme à luy percer le flanc,
Commencés par Sabine à faire de vos vies
Vn digne sacrifice à vos cheres patries,
Vous estes ennemis en ce combat fameux (deux,
Vous d'Albe, vous de Rome, & moy de toutes
Quoy ? me reseruez vous à voir vne victoire,
Où pour haut appareil d'vne pompeuse gloire
Ie verray les lauriers d'vn frere ou d'vn mary
Fumer encor d'vn sang que i'auray tant chery :
Pourray-je entre vos deux regler alors mon ame ?
Satisfaire au deuoir & de sœur & de femme ?
Embrasser le vainqueur en pleurant le vaincu ?
Non, non, auant ce coup Sabine aura vescu,
Ma mort le preuiendra de qui que ie l'obtienne,
Le refus de vos mains y condamne la mienne,

Sus donc qui vous retient ? Allés, cœurs inhumains,
I'auray trop de moyens pour y forcer vos mains,
Vous ne les aurez point au combat occupées
Que ce corps au milieu n'arreste vos espées,
Et malgré vos refus il faudroit que leurs coups
Se fassent iour icy pour aller iusqu'à vous.

HORACE.

O ma femme !

CVRIACE.

O ma sœur !

CAMILLE.

Courage ils s'amollissent

SABINE.

Vous poussez des souspirs, vos visages pallissent !
Quelle peur vous saisit? sont ce là ces grands cœurs,
Ces heros qu'Albe & Rome ont pris pour defenseurs ?

HORACE.

Femme, que t'ay ie fait, & quelle est mon offense,
Qui t'oblige à chercher vne telle vengeance ?
Que t'a fait mon honneur, femme, & pourquoy viens-tu
Auec toute ta force attaquer ma vertu ?
Du moins contente toy de l'auoir estonnée,
Et me laisse acheuer cette grande iournée,
Tu me viens de reduire en vn estrange point,
Ayme assez ton mary pour n'en triompher point,
Va t'en & ne rends plus la victoire douteuse,
La dispute desia m'en est assez honteuse,
Souffre qu'auec honneur ie termine mes iours.

SABINE.

Va, cesse de me craindre, on vient à ton secours.

SCE-

SCENE VII.

Le vieil HORACE, HORACE, CVRIACE, SABINE, CAMILLE.

Le vieil HORACE.

QV'est ce-cy mes enfans ? escoutez vous vos flammes,
Et perdez-vous encor le temps auec des femmes ?
Prests à verser du sang regardez-vous des pleurs ?
Fuyez & laissez les déplorer leurs malheurs,
Leurs plaintes ont pour vous trop d'art & de tendresse,
Elles vous feroient part en fin de leur foiblesse,
Et ce n'est qu'en fuyant qu'on pare de tels coups.

SABINE.

N'apprehendez rien d'eux, ils sont dignes de (vous,
Malgré tous nos efforts vous en deuez attendre
Ce que vous souhaittez & d'vn fils & d'vn gendre,
Et si nostre foiblesse auoit peu les changer
Nous vous laissons icy pour les encourager.
Allons, ma sœur, allons, ne perdons point de lar-(mes,
Contre tant de vertus ce sont de foibles armes,
Ce n'est qu'au desespoir qu'il nous faut recourir,
Tigres allés combatre, & nous allons mourir.

SCENE VIII.

Le vieil HORACE, HORACE, CVRIACE.

HORACE.

MOn pere retinés des femmes qui s'emportent,
Et de grace empeschez sur tout qu'elles ne sortent.
Leur amour importun viendroit auec esclat
Par des cris & des pleurs troubler nostre combat,
Et ce quelles nous sont feroit qu'auec iustice
On nous imputeroit ce mauuais artifice,
L'honneur d'vn si beau choix seroit trop ache-(peté

Si l'on nous soupçonnoit de quelche lascheté,

Le vieil HORACE.

I'en auray soin, allez, vos freres vous attendent;
Ne pensez qu'aux devoirs que vos pays demandent.

CVRIACE.

Quel Adieu vos diray-ie & par quels complimens.

Le vieil HORACE.

Ah ! n'attendrissez point icy mes sentimens,
Pour vous encourager ma voix manque de termes,
Mon cœur ne forme point de pensers assez fermes,
Moy-mesme en cét Adieu i'ay les larmes aux yeux,
Faites vostre devoir, & laissez faire aux Dieux.

Fin du second Acte.

ACTE III.

SCENE PREMIERE.

SABINE.

PRenons party mon ame, en de telles disgraces,
Soyons femme d'Horace, ou sœur des Curiaces,
Cessons de partager nos inutiles soins,
Souhaitons quelque chose, & craignons vn peu moins.
Mais las ! quel party prendre en vn sort si contraire ?
Quel ennemy choisir d'vn espous ou d'vn frere ?
La nature ou l'amour parlent pour chacun d'eux,
Et la loy du deuoir m'attache à tous les d'eux.
Sur leurs hauts sentiments reglons plustost les nostres,
Soyons femme de l'vn ensemble & sœur des autres,
Regardons leur honneur comme vn souuerain bien,

Imi-

Imitons leur constance, & ne craignont plus rien.
La mort qui les menace est vne mort si belle
Qu'il en faut sans frayeur attendre la nouuelle;
N'appellons point alors les destins inhumains,
Songeons pour quelle cause, & non par quelles
mains, (re
Reuoyons les vainqueurs sans penser qu'à la glo-
Que toute leur maison reçoit de leur victoire.
Et sans considerer aux despens de quel sang
Leur vertu les esleue en cét illustre rang,
Faisons nos interests de ceux de leur famille,
En l'vne ie suis femme, en l'autre ie suis fille,
Et tiens à toutes deux par de si forts liens
Qu'on ne peut triompher que par les bras des
miens.
Fortune, quelques maux que ta rigueur m'enuoye,
I'ay trouué les moyens d'en tirer de la ioye,
Et puis voir maintenant le combat sans terreur,
Les morts sans desespoir, les vainqueurs sans hor-
reur,
Flateuse illusion, erreur douce & grossiere.
Vain effort de mon ame, impuissante lumiere,
De qui le faux brillant prend droit de m'esbloüir,
Que tu sçais peu durer, & tost t'esuanoüir!
Pareille à ces esclairs qui dans le fort des ombres,
Poussent vn iour qui fuit, & rend les nuits plus
sombres,
Tu n'as frappé mes yeux d'vn moment de clarté
Que pour les abysmer dãs plus d'obscurité. (fasche,
Tu charmois trop ma peine, & le Ciel qui s'en
Me vend desia bien cher ce moment de relasche,
Ie sens mon triste cœur percé de tous les coups
Qui m'ostent maintenant vn frere, ou mon es-
pous. (pose,
Quand ie songe à leur mort, quoy que ie me pro-
Ie songe par quel bras, & non pour quelle cause,

Et ne voy les vainqueurs en leur illuſtre rang,
Que pour conſiderer aux deſpens de quel ſang,
La maiſon des vaincus touche ſeule mon ame,
En l'vne ie ſuis fille, en l'autre ie ſuis femme,
Et tiens à toutes deux par de ſi fors liens (miens.
Qu'on ne peut triompher que par la mort des
C'eſt là donc cette paix que i'ay tant ſouhaitée !
Trop favorables Dieux, vous m'auez eſcoutée!
Quels foudres lancés vous quãd vous vous irritez,
Si meſme vos faueurs ont tant de cruautez,
Et de quelle façon puniſſez vous l'offenſe,
Si vous traités ainſi les veux de l'innocence?

SCENE II.

SABINE, IVLIE.

SABINE.

EN eſt-ce fait, Iulie, & que m'apportez vous?
Eſt ce la mort d'vn frere, ou celle d'vn eſpous?
Ou ſi le triſte ſort de leurs armes impies
De tous les combatans a fait autant d'hoſties,
Et m'enuiant l'horreur que i'aurois des vainqueurs, (pleurs?
Pour tous tant qu'ils eſtoient m'a condamnés aux

IVLIE.

Quoy, ce qui s'eſt paſſé vous l'ignorez encore?

SABINE.

Vous faut-il eſtonner de ce que ie l'ignore,
Et ne ſcavez vous point que de cette maiſon
Pour Camille & pour moy l'on fait vne priſon?
Iulie on nous renferme, on à peur de nos larmes,
Sans cela nous ſerions au milieu de leurs armes,
Et par les deſeſpoirs d'vne chaſte amitié
Nous aurions des deux camps tiré quelque pitié.

IVLIE.

Il n'eſtoit pas beſoin d'vn ſi tendre ſpectacle,
Leur veuë à leur combat apporte aſſez d'obſtacle,

Si

Si tost qu'ils ont paru prests à se mesurer,
Et l'vn & l'autre camp s'est mis à murmurer :
Auoir de tels amis, des personnes si proches
Venir pour leur patrie aux mortelles approches,
L'vn s'esmeut de pitié, l'autre est saisi d'horreur,
L'autre d'vn si grand zele admire la fureur,
Tel porte iusqu'aux Cieux leur vertu sans égale,
Et tel l'ose nommer sacrilege & brutale.
Ces diuers sentimens n'on pourtant qu'vne voix,
Tous accusent leurs chefs, tous detestent leur choix,
Et ne pouuant souffrir vn combat si barbare
On s'escrie, on s'avance, en fin on les separe.

SABINE.

Que ie vous dois d'encens, grands Dieux qui m'exaucés !

IVLIE.

Vous n'estes pas, Sabine, encor où vous pensés.
Vous pouuez esperer, vous auez moins à craindre,
Mais il vous reste encor assez dequoy vous plaindre,
En vain d'vn sort si triste on les veut garãtir,
Ces cruels genereux n'y peuuent consentir,
La gloire de ce choix leur est si precieuse
Et charme tellement leur ame ambitieuse,
Qu'alors qu'on les deplore ils s'estiment heureux,
Et prennent pour affront la pitié qu'on a d'eux,
Le trouble des deux camps soüille leur renommée,
Ils combatront plustost & l'vne & l'autre armée,
Et mourront par les mains qui les ont separés,
Que quitter les honneurs qui leur sont deferés.

SABINE.

Quoy ? dans leur dureté ces cœurs de fers s'obstinent ?

IVLIE.

Ils le font, mais d'ailleurs les deux camps se mutinent,
Et leurs cris des deux parts poussez en mesme temps
Demandent la bataille ou d'autres combatans.

La presence des chefs à peine est respectée,
Leur pouuoir est douteux, leur voix mal escoutée,
Le Roy mesme s'estonne, & pour dernier effort,
Puisque chacun, dit-il, s'eschauffe en ce discord,
Consultons des grands Dieux la Majesté sacrée
Et voyons si ce change à leurs bontez agrée;
Quel impie osera se prendre à leur vouloir,
Lors qu'en vn sacrifice ils nous l'auront fait voir?
Il se tait, & ces mots semblent estre des charmes,
Mesme aux six combatans ils arrachent les armes,
Et ce desir d'honneur qui leur ferme les yeux
Tout aueugle qu'il est respecte encor les Dieux;
Leur plus boüillante ardeur cede à l'aduis de Tulle,
Et soit par deference, ou par vn prompt scrupule
Dans l'vne & l'autre armée on s'en fait vne loy,
Comme si toutes deux le cognoissoient pour Roy.
Le reste s'appendra par la mort des victimes.

SABINE.

Les Dieux n'aduoüeront point vn combat plein de crimes,
I'en espere beaucoup puis qu'il est differé,
Et ie commence à voir ce que i'ay desiré.

SCENE III.

SABINE, CAMILLE, IVLIE.

SABINE.

MA sœur, qui ie vous die vne bonne nouuelle.

CAMILLE.

Ie pense la sçauoir, s'il faut la nommer telle,
On l'a dite à mon pere, & i'estois auec luy,
Mais ie n'en conçoy rien qui flatte mon ennuy.
Ce delay de nos maux rẽdra leurs coups plus rudes,
Ce n'est qu'vn plus long terme à nos inquietudes,
Et tout l'allegement qu'il en faut esperer,
C'est de pleurer plus tard ceux qu'il faudra pleurer.

SABINE.

Les Dieux n'ont pas en vain inspiré ce tumulte.

CAMILLE.

Disons plustost, ma sœur, qu'en vain on les consulte.
Les mesmes Dieux à Tulle ont inspiré ce choix,
Et la voix du public n'est pas tousiours leur voix.
Ils descendent bien moins dans de si bas estages
Que dans l'ame des Rois leurs viuantes images,
Et de qui l'absoluë & sainte authorité
Est vn rayon secret de leur diuinité.

IVLIE.

C'est vouloir sans raison vous former des obstacles
Que de chercher leur voix ailleurs qu'en leurs oracles,
Et vous ne vous pouuez figurer tout perdu
Sans dementir celuy qui vous fut hier rendu.

CAMILLE.

Vn oracle iamais ne se laisse comprendre,
On l'entend d'autant moins que plus on croit l'entendre.
Et loin de s'asseurer sur vn pareil arrest,
Qui n'y voit rien d'obscur doit croire que tout l'est.

SABINE.

Sur ce qui fait pour nous prenons plus d'asseurance,
Et souffrons les douceurs d'vne iuste esperance.
Quand la faueur du Ciel ouure à demy ses bras,
Qui ne s'en promet rien ne la merite pas,
Il empesche souuent qu'elle ne se desploye,
Et lors qu'elle descend son refus la renuoye.

CAMILLE.

Le Ciel agit sans nous en ces euenemens,
Et ne les regle point dessus nos sentimens.

IVLIE.

Il ne vous a fait peur que pour vous faire grace,
Adieu, ie vay sçauoir comme en fin tout se passe,
Moderez vos frayeurs, i'espere à mon retour
Ne vous entretenir que de propos d'amour,

Et

Et que nous n'employerons la fin de la iournée
Qu'aux doux preparatifs d'vn heureux Hymenée.

SABINE.

Comme vous ie l'espere.

CAMILLE.

Et ie n'ose y songer.

IVLIE.

L'effet nous fera voir qui sçait mieux en iuger.

SCENE IV.

SABINE, CAMILLE.

SABINE.

PArmy nos desplaisirs souffrés que ie vous blas-
me.
Ie ne puis approuuer tāt de trouble en vostre ame,
Que feriez vous, ma sœur, au point où ie me voy
Si vous auiez à craindre autant que ie le doy,
Et si vous attendiez de leurs armes fatales (les ?
Des maux pareils aux miens, & des pertes esga-

CAMILLE.

Parlez plus sainement de vos maux & des miens,
Chacun voit ceux d'autruy d'vn autre œil que les
siens,
Mais à bien regarder ceux où le Ciel me plonge,
Les vostres apres d'eux vous sembleront vn songe.
La seule mort d'Horace est à craindre pour vous,
Des freres ne sont rien à l'égal d'vn espoux,
L'Hymen qui nous attache en vn autre famille,
Nous détache de celle où l'on a vescu fille,
On ne compare point des nœuds si differens,
Et pour suiure vn mary l'on quitte ses parens: (pere
Mais si prés d'vn Hymen l'amant que donne vn
Nous est moins qu'vn espoux & non pas moins
qu'vn frere,
Nos sentimens entre eux demeurent suspendus,
No-

Noſtre choix impoſſible, & nos vœux confondus,
Ainſi, ma ſœur, du moins vous auez dans vos
plaintes,
Où porter vos ſouhaits, & terminer vos craintes,
Mais ſi le Ciel s'obſtine à nous perſecuter,
Pour moy i'ay tout à craindre & rien à ſouhaiter.

SABINE.

Quand il faut que l'vn meure, & par les mains de
l'autre. (ſtre.
C'eſt vn raiſonnement bien mauuais que le vo-
Quoy que ce ſoient, ma ſœur, des nœuds bien dif-
ferens,
C'eſt ſans les oublier qu'on quitte ſes parens;
L'Hymen n'efface point ces profonds caracteres,
Pour aimer vn mary l'on ne haït pas ſes freres,
La nature en tout temps garde ſes premiers droits,
Aux deſpens de leur vie on ne fait point de choix,
Auſſi bien qu'vn eſpoux, ils ſont d'autres nous
meſmes, (mes:
Et tous maux ſont pareils alors qu'ils ſont extré-
Mais l'amant qui vous charme, & pour qui vous
bruſlés
Ne vous eſt apres tout que ce que vous voulez,
Vne mauuaiſe humeur, vn peu de jalouſie,
Le peuuent mettre hors de voſtre fantaiſie,
Ce quelles font ſouuent, faites le par raiſon,
Et laiſſés voſtre ſang hors de comparaiſon,
C'eſt crime qu'oppoſer des liens volontaires
A ceux que la naiſſance a rendus neceſſaires
Si donc le Ciel s'obſtine à nous perſecuter,
Seule i'ay tout à craindre & rien à ſouhaiter,
Mais pour vous, le deuoir vous donne dans vos
plaintes
Où porter vos ſouhaits & terminer vos craintes.

CAMILLE.

Ie le voy bien, ma ſœur, vous n'aymaſtes iamais.

Vous

Vous ne cognoissez point ny l'Amour ny ses traits :
On peut luy resister quand il commence à naistre,
Mais non pas le bannir quand il s'est rendu maistre,
Et que l'adueu d'vn pere engageant nostre foy
A faict de ce Tyran vn legitime Roy.
Il entre auec douceur, mais il regne par force,
Et quand l'ame vne fois a gousté son amorce,
Vouloir ne plus aymer c'est ce qu'elle ne peut,
Puisqu'elle ne peut plus vouloir que ce qu'il veut;
Ses chaines sont pour nous aussi fortes que belles.

SCENE V.

Le vieil HORACE, SABINE, CAMILLE.

Le vieil HORACE.

IE viens vous apporter de fascheuses novelles;
Mes filles, mais en vain ie voudrois vous celer
Ce qu'on ne vous sçauroit long temps dissimuler.
Vos freres sont aux mains, les Dieux ainsi l'ordonnent.

SABINE.

Ie veux bien l'aduouër, ces nouuelles m'estõnent,
Et je m'imaginois dans la divinité
Beaucoup moins d'injustice, & bien plus de bonté.
Ne nous consolez point, la raison importune
Quand elle ose combatre vne telle infortune,
Nous auons en nos mains la fin de nos douleurs,
Qui peut vouloir mourir, peut braver les malheurs.
Nous pourrions aisément faire en vostre presence
De nostre desespoir vne fausse constance,
Mais quand on peut sans honte estre sans fermeté
La vouloir contre-faire est vne lascheté,
L'vsage d'vn tel art nous le laissons aux hommes,

Et ne voulons passer que pour ce que nous som-
mes.
Nous ne demandons point qu'vn courage si fort
S'abaisse à nostre exemple à se plaindre du sort;
Receuez sans fremir ces mortelles alarmes,
Voyez couler nos pleurs sans y mesler vos larmes,
En fin pour toute grace en de tels déplaisirs,
Gardés vostre constance & souffrez nos souspirs.

Le vieil HORACE.

Loin de blasmer les pleurs que ie vous voy respan-
dre,
Ie croy faire beaucoup de m'en pouuoir defendre,
Et cederois peut-estre à de si rudes coups
Si ie prenois icy mesme interest que vous. freres,
Non qu'Albe par son choix m'ait fait hayr vos
Tous trois me sont encor des personnes bien che-
res,
Mais en fin l'amitié n'est pas du mesme rang
Et n'a point les effets de l'amour ny du sang.
Ie ne sens point pour eux la douleur qui tourmẽte
Sabine comme sœur, Camille comme amante,
Ie puis les regarder comme nos ennemis,
Et donne sans regret mes souhaits à mes fils.
Ils sont, graces aux Dieux, dignes de leur patrie,
Aucun estonnement n'a leur gloire flestrie,
Et i'ay veu leur honneur croistre de la moitié,
Quand ils ont des deux camps refusé la pitié.
Si par quelque foiblesse ils l'auoient mandiée,
Si leur haute vertu ne l'eust repudiée,
Ma main bien tost sur eux m'eust vangé hautement
De l'affront que m'eust fait ce mol consentement.
Mais lors qu'en despit d'eux on en a voulu d'au-
tres,
Ie ne le cele point, i'ay joint mes vœux aux vostres
Si le ciel pitoyable eust escouté ma voix,
Albe seroit reduite à faire vn autre choix,

Nous

Nous pourrions voir tantost triompher les Horaces,
Sans voir leurs bras soüillés du sang des Curiaces,
Et de l'euenement d'vn combat plus humain
Dependroit maintenant l'honneur du nom Romain.
La prudence des Dieux autrement en dispose,
Sur leur ordre eternel mon esprit se repose,
Il s'arme en ce besoin de generosité,
Et du bon-heur public fait sa felicité.
Taschés d'en faire autant pour soulager vos peines,
Et songez toutes deux que vous estes Romaines,
Vous l'estes deuenuë, & vous l'estes encor :
Vn si glorieux tiltre est vn digne tresor,
Vn jour, vn iour viendra que par toute la terre,
Rome se fera craindre à l'esgal du tonnerre,
Et que tout l'Vniuers tremblant dessous ses loix,
Ce grand nom deuiendra l'ambition des Rois ;
Les Dieux à nostre Æenée ont promis cette gloire.

SCENE VI.

Le vieil HORACE, SABINE, CAMILLE, IVLIE.

Le vieil HORACE.

NOus venez vous, Iulie, apprendre la victoire ?

IVLIE.

Mais plustost du combat les funestes effets,
Rome est suiette d'Albe, & vos fils sont deffaits,
Des trois les deux sont morts, son espoux seul vous reste.

Le vieil HORACE.

O d'vn triste combat effet vrayement funeste !
Rome est suiette d'Albe, & pour l'en garantir
Il n'a pas employé iusqu'au dernier soupir !
Non, non, cela n'est point, on vous trompe, Iulie,

Rome

Rome n'est point suiette, ou mon fils est sans vie,
Ie cognois mieux mon sang, il sçait mieux son devoir.

IVLIE.

Mille de nos ramparts comme moy l'ont peu voir.
Il s'est fait admirer tant quont duré ses freres,
Mais comme il s'est veu seul contre trois adversaires,
Prest d'estre enfermé d'eux sa fuite l'a sauué.

Le vieil HORACE.

Et nos soldats trahis ne l'ont pas achevé! (traite?
Dans leurs rangs à ce lasche ils ont donné re-

IVLIE.

Ie n'ay rien voulu voir apres cette defaite.

CAMILLE.

O mes freres!

Le vieil HORACE.

Tout beau ne les pleurés pas tous,
Deux iouyssent d'vn sort dont leur pere est ialoux,
Que des plus nobles fleurs leur tombe soit couuerte,
La gloire de leur mort m'a payé de leur perte,
Ce bon-heur a suiuy leur courage inuaincu
Qu'ils ont veu Rome libre autant qu'ils ont vescu,
Et ne l'auront point veuë obeyr qu'a son Prince,
Ny d'vn estat voisin deuenir la Prouince.
Pleurez l'autre, pleurez l'irreparable affront
Que sa fuite honteuse inprime à nostre front,
Pleurez le deshonneur de toute nostre race,
Et l'opprobre eternel qu'il laisse au nom d'Horace.

IVLIE.

Que vouliez vous qu'il fist contre trois?

Le vieil HORACE.

Qu'il mourust,
Ou qu'vn beau desespoir alors le secourust
N'eust-il que d'vn moment reculé sa deffaite,

Rome

Rome eust esté du moins vn peu trop tard suiette,
Il eust auec honneur laissé mes cheueux gris,
Et c'estoit de sa vie vn assez digne prix,
Il est de tout son sang comptable à sa patrie,
Chaque goutte espargnée a sa gloire flestrie,
Chaque instant de sa vie apres ce lasche tour,
Met dautant plus ma honte auec la sienne au iour.
I'en rompray bien le cours, & ma iuste colere
Contre vn indigne fils vsant des droits d'vn pere
Sçaura bien faire voir dans sa punition
L'esclatant desadueu d'vne telle action.

SABINE.

Escoutez vn peu moins ces ardeurs genereuses,
Et ne nous rendez point tout à fait mal heureuses,

Le vieil HORACE.

Sabine, vostre cœur se console aisément,
Nos malheurs iusqu'icy vous touchent foiblement,
Vous n'auez point encor de part à nos miseres,
Le Cieil vous a sauué vostre espoux & vos freres,
Si nous sommes suiets, c'est de vostre pays,
Vos freres sont vainqueurs quand nous sommes trahis,
Et voyant le haut point où leur gloire se monte:
Vous regardez fort peu ce qui nous vient de honte:
Mais vostre trop d'amour pour cét infame espoux,
Vous donnera bien tost à plaindre comme à nous.
Vos pleurs en sa faueur sont de foibles defenses,
I'atteste des grands Dieux les suprémes puissances
Qu'autant ce iour finy ces mains, ces propres mains,
Laueront dans son sang la honte des Romains.

SABINE.

Suiuons-le promptement, la colere l'emporte.
Dieux ! verrons nous tousiours des malheurs de la sorte ?
Nous faudra-t'il tousiours en craindre de plus grands,
Et tousiours redouter la main de nos parents ?

Fin du troisiesme Acte. ACTE

ACTE IV.

SCENE PREMIERE.

Le vieil HORACE, CAMILLE.

Le vieil HORACE.

NE me parlez iamais en faueur d'vn infame,
Qu'il me fuye à l'esgal des freres de sa femme,
Pour conseruer vn sang qu'il tient si precieux
Il n'a rien fait encor s'il n'éuite mes yeux.
Sabine y peut mettre ordre, ou derechef i'atteste,
Le souuerain pouuoir de la troupe celeste....

CAMILLE.

Hé! mon pere, prenez vn plus doux sentiment,
Vous verrez Rome mesme en vser autrement,
Et de quelque malheur que le Ciel l'ait comblée,
Excuser la vertn soubs le nombre accablée.

Le vieil HORACE.

Le iugement de Rome est peu pour mon regard,
Camille, ie suis pere, & i'ay mes droits à part.
Ie sçay trop comme agit la vertu veritable,
C'est sans en triompher que le nombre l'accable,
Et sa masle vigueur tousiours en mesme point
Succombe soubs la force & ne luy cede point.
Taisez-vous, & sçachons ce que nous veut Valere.

SCENE II.

Le vieil HORACE, VALERE, CAMILLE.

VALERE.

ENuoyé par le Roy pour consoler vn pere,
Et pour luy tesmoigner.

Le vieil HORACE.

N'en prenez aucun soin,

C'est

C'eſt vn ſoulagement dont ie n'ay pas beſoin,
Et i'ayme mieux voir morts que couuerts d'infamie
Ceux que vient de m'oſter vne main ennemie ;
Tous deux pour leur pays ſont morts en gens d'honneur,
Il me ſuffit,

VALERE.

Mais l'autre eſt vn rare bonheur,
De tous les trois chez vous il doit tenir la place.

Le vieil HORACE.

Euſt-il fait auec luy perir le nom d'Horace !

VALERE.

Seul vous le mal traités apres ce qu'il a fait.

Le vieil HORACE.

C'eſt à moy ſeul auſſi de punir ſon forfait.

VALERE.

Quel forfait trouuez vous en ſa bonne conduite ?

Le vieil HORACE.

Quel eſclat de vertu trouuez vous en ſa fuite ?

VALERE.

La fuite eſt glorieuſe en ceſte occaſion.

Le vieil HORACE.

Vous redoublez ma honte & ma confuſion,
Certes l'exemple eſt rare & digne de memoire
De trouuer dans la fuite vn chemin à la gloire.

VALERE.

Quelle confuſion, & quelle honte à vous.
D'auoir produit vn fils qui nous conſerue tous,
Qui fait triompher Rome, & luy gaigne vn empire ?
A quels plus grands honneurs faut-il qu'vn pere aſpire ?

Le vieil HORACE.

Quels honneurs, quel triomphe, & quel empire enfin
Lors qu'Albe ſoubs ſes loix range noſtre deſtin ?

VA-

VALERE.

Que parlez vous icy d'Albe, & de ſa victoire ?
Ignorez vous encor la moitié de l'hiſtoire ?

Le vieil HORACE.

Le combat par ſa fuite eſt-il pas terminé ?

VALERE.

Albe ainſi quelque temps ſe l'eſt imaginé, (me
Mais elle a bien toſt veu que c'eſtoit fuir en hom-
Qui ſçauoit meſnager l'auantage de Rome.

Le vieil HORACE.

Quoy, Rome donc triomphe ?

VALERE.

Apprenez, apprenez
La valeur de ce fils qu'à tort vous condemnez
Reſté ſeul contre trois, mais en ceſte auanture
Tous trois eſtans bleſſez & luy ſeul ſans bleſſure,
Trop foible pour eux tous, trop fort pour chacun
d'eux.
Il ſçait bien ſe retirer d'vn pas ſi hazardeux, (ruſe
Il fuit pour mieux combatre, & cette prompte
Diuiſe adroitement trois freres qu'elle abuſe,
Chacun le ſuit d'vn pas ou plus ou moins preſſé,
Selon qu'il ſe rencontre ou plus ou moins bleſſé,
Leur ardeur eſt eſgale à pour ſuiure ſa fuite,
Mais leurs coups inégaux ſeparent leur pourſuite,
Horace les voyant l'vn de l'autre eſcartez,
Se retourne, & deſia les croit demy domptez,
Il attend le premier & c'eſtoit voſtre gendre :
L'autre tout indigné qu'il ait oſé l'attendre,
En vain en l'attaquant fait paroiſtre vn grand
cœur,
Le ſang qu'il a perdu rallentit ſa vigueur.
Albe à ſon tour commence à craindre vn ſort con-
traire,
Elle crie au ſecond qu'il ſecoure ſon frere,
Il ſe haſte & s'eſpuiſe en efforts ſuperflus,

Il trouue en les joignant que son frere n'est plus.

CAMILLE.

Helas !

VALERE.

Tout hors d'haleine il prend pourtant sa place,
Et redouble bien tost la victoire d'Horace,
Son courage sans force est vn debile appuy,
Voulant vanger son frere il tombe aupres de luy.
L'air resonne des cris qu'au Ciel chacun enuoye,
Albe en iette d'angoisse & les Romains de ioye.
Comme nostre Heros se voit prés d'acheuer,
C'est peu pour luy de vaincre, il veut encor brauer:
I'en viens d'immoler deux aux Manes de mes freres,
Rome aura le dernier de mes trois aduersaires,
C'est à ses interests que ie vay l'immoler,
(Dit-il) & tout d'vn temps on le voit y voler,
La victoire entr'eux deux n'estoit pas incertaine,
L'Albain percé de coups ne se traisnoit qu'à peine,
Et comme vne victime aux marches de l'Autel,
Il sembloit presenter sa gorge au coup mortel;
Aussi le reçoit-il, peu s'en faut, sans deffence,
Et son trespas de Rome establit la puissance.

Le vieil HORACE.

O mon fils, ô ma ioye, ô l'honneur de nos iours !
O d'vn estat panchant l'inesperé secours !
Vertu digne de Rome, & sang digne d'Horace,
Appuy de ton pays & gloire de ta race !
Quand pourray-ie estouffer dans tes embrassements
L'erreur dont i'ay formé de si faux sentiments ?
Quand pourra mon amour baigner auec tendresse
Ton front victorieux de larmes d'allegresse ?

VALERE.

Vos caresses bien tost pourront se desployer,
Le Roy dans vn moment vous le va renuoyer,
Et remet à demain le pompeux sacrifice

Que

Que nous deuons aux Dieux pour vn tel benefice,
Aujourd'huy seulement on s'acquitte vers eux
Par des chants de victoire & par de simples vœux;
C'est où le Roy le mene, & tandis il m'enuoye
Faire office vers vous de douleur & de ioye,
Mais cet office encor n'est pas assez pour luy,
Il y viendra luy-mesme & peut-estre aujourd'huy,
Cette belle action si puissamment le touche,
Qu'il vous veut rendre grace, & de sa propre bouche,
D'auoir donné vos fils au bien de son estat.

Le vieil HORACE.

De tels remerciements ont pour moy trop d'esclat,
Et ie me tiens desia trop payé par les vostres
Du seruice de l'vn & du sang des deux autres.

VALERE.

Le Roy ne sçait que c'est d'honorer à demy,
Et son sceptre arraché des mains de l'ennemy,
Fait qu'il estime encor l'honneur qu'il vous veut faire;
Au dessous du merite & du fils & du pere.
Ie vay luy tesmoigner quels nobles sentiments
La vertu vous inspire en tous vos mouuements,
Et combien vous monstrez d'ardeur pour son seruice.

Le vieil HORACE.

Ie vous deuray beaucoup pour vn si bon office.

SCENE III.

Le vieil HORACE, CAMILLE.

Le vieil HORACE.

MA fille, il n'est plus temps de respandre des pleurs,
Il sied mal d'en verser où l'on void tant d'honneurs,
On pleure iniustement des pertes domestiques

Quand on en voit sortir des victoires publiques,
Rome triomphe d'Albe, & c'est assez pour nous,
Tous nos maux à ce prix nous doiuēt estre doux.
En la mort d'vn amant vous ne perdrez qu'vn homme
Dont la perte est aisée à reparer dans Rome:
Apres cette victoire il n'est point de Romain
Qui ne soit glorieux de vous donner la main.
Ie m'en vais à Sabine en porter la nouuelle,
Ce coup sera sans doute assez rude pour elle,
Et ses trois freres morts par la main d'vn espoux
Luy donneront des pleurs bien plus iustes qu'à vous:
Mais i'espere aisément en dissiper l'orage,
Et qu'vn peu de prudence aydant son grand courage,
Fera bien tost regner sur vn si noble cœur
Le genereux amour qu'elle doit au vainqueur.
Cependant estouffez cette lasche tristesse,
Receuez le, s'il vient, auec moins de foiblesse,
Faites vous voir sa sœur, & qu'en vn mesme flanc
Le Ciel vous a tous deux formez d'vn mesme sang.

SCENE IV.

CAMILLE.

OVy, ie luy feray voir par d'infallibles marques
Qu'vn veritable amour braue la main des Parques,
Et ne prend point de loix de ces cruels tyrans
Qu'vn astre iniurieux nous donne pour parens,
Tu blasmes ma douleur, tu l'oses nommer lasche,
Ie l'ayme d'autant plus que plus elle te fasche,
Impitoyable pere, & par vn iuste effort
Ie la veux rendre esgale aux rigueurs de mon sort.
En vit-on iamais vn dont les rudes trauerses

Prissent

Priſſent en moins de rien tant de faces diuerſes,
Qui fuſt doux tant de fois, & tant de fois cruel,
Et portaſt tant de coups auant le coup mortel ?
Vit on iamais vne ame en vn iour plus atteinte
De ioye & de douleur, d'eſperance & de crainte,
Aſſeruie en eſclaue à plus d'euenements,
Et le piteux ioüet de plus de changements ?
Vn oracle m'aſſeure, vn ſonge m'eſpouuante,
La bataille m'effraye, & la paix me contente,
Mon Hymen ſe prepare, & preſque en vn moment
Pour combatre mon frere on choiſit mon amant,
Les deux camps mutinez vn tel choix deſaduoüent,
Ils rompent la partie, & les Dieux la renouent,
Rome ſemble vaincuë & ſeul des trois Albajns
Curiace en mon ſang n'a point trempé ſes mains,
Dieux ! ſentois-je point lors des douleurs trop legeres
Pour le malheur de Rome, & la mort des deux freres ?
Me flattoy-je point trop quand ie croyois pouuoir
L'aymer encor ſans crime & nourrir quelque eſpoir ?
Sa mort m'en punit bien, & la façon cruelle
Dont mon ame eſperduë en reçoit la nouuelle,
Son riual me l'apprend, & faiſant à mes yeux
D'vn ſi triſte ſuccés le recit odieux,
Il porte ſur le front vne allegreſſe ouuerte
Que le bonheur public fait bien moins que ma perte,
Et baſtiſſant en l'air ſur le malheur d'autruy
Auſſi bien que mon frere il triomphe de luy.
Mais ce n'eſt encor rien au prix de ce qui reſte,
On demande ma ioye en vn coup ſi funeſte,
Il me faut applaudir aux exploits du vainqueur,
Et baiſer vne main qui me perce le cœur

En vn ſuiet de pleurs ſi grand, ſi legitime,
Se plaindre eſt vne honte & ſouſpirer vn crime,
Leur brutale vertu veut qu'on s'eſtime heureux,
Et ſi l'on n'eſt barbare on n'eſt point genereux.
Degenerons, mon cœur, d'vn ſi vertueux pere,
Soyons indigne ſœur d'vn ſi genereux frere,
C'eſt gloire de paſſer pour des cœurs abbatus
Quand la brutalité fait les hautes vertus,
Eſclatés mes douleurs, à quoy bon vous contraindre?
Quand on a tout perdu que ſçauroit-on plus craindre?
Pour ce cruel vainqueur n'ayés point de reſpect,
Loin d'éuiter ſes yeux croiſſez à ſon aſpect,
Offenſez ſa victoire, irritez ſa colere,
Et prenez s'il ſe peut, plaiſir à luy déplaire.
Il vient, preparons nous à monſtrer conſtamment
Ce que doit vne amante à la mort d'vn amant.

SCENE V.

HORACE, CAMILLE, PROCVLE.
& deux autres Soldats portant chacun vne eſpée des Curiaces.

HORACE.

MA ſœur, voicy le bras qui vange nos deux freres,
Le bras qui rompt le cours de nos deſtins contraires,
Qui nous rend maiſtres d'Albe, en fin voicy le bras
Qui ſeul fait auiourd'huy le ſort de deux Eſtats.
Voy ces marques d'honneur, ces teſmoins de ma gloire,
Et rends ce que tu dois à l'heur de ma victoire.

CAMILLE.

Receuez donc mes pleurs, c'eſt ce que ie luy doibs.

HORACE.

Rome n'en veut point voir aprés de tels exploits,

Et nos deux freres morts dans le malheur des armes,
Sont trop payés de ſang pour exiger des larmes;
Quand la perte eſt vangée on n'a plus rien perdu.

CAMILLE.

Puiſqu'ils ſont ſatisfaits par le ſang eſpandu,
Ie ceſſeray pour eux de paroiſtre affligée,
Et i'oublieray leur mort que vous auez vangée.
Mais qui me vangera de celle d'vn amant
Pour me faire oublier ſa perte en vn moment?

HORACE.

Que dis tu malheureuſe?

CAMILLE.

O mon cher Curiace!

HORACE.

O d'vne indigne ſœur l'inſuportable audace!
D'vn ennemy public dont ie reuiens vainqueur
Le nom eſt dans ta bouche, & l'amour dans ton cœur,
Ton ardeur criminelle à la vangeance aſpire,
Ta bouche la demande & ton cœur la reſpire,
Suy moins ta paſſion, regle mieux tes deſirs,
Ne me fay plus rougir d'entendre tes ſouſpirs,
Tes flames deſormais doiuent eſtre eſtouffées,
Banny les de ton ame, & ſonge à mes trophées
Qu'ils ſoient doreſnauant ton vnique entretien.

CAMILLE.

Donne moy donc, barbare, vn cœur cõme le tien,
Et ſi tu veux enfin que ie t'ouure mon ame,
Rends moy mon Curiace, ou laiſſe agir ma flame,
Ma ioye & mes douleurs dependoient de ſon ſort,
Ie l'adorois viuant, & ie le pleure mort.
Ne cherche plus ta ſœur où tu l'auois laiſſée,
Tu ne reuois en moy qu'vne amante offenſée
Qui comme vne furie attachée à tes pas
Te veut inceſſamment reprocher ſon treſpas

Tigre affamé de sang qui me deffends les larmes,
Qui veux que dans sa mort ie trouue encor des charmes,
Et que iusques au Ciel esleuant tes exploits
Moy mesme ie le tuë vne seconde fois.
Puissent de tels malheurs accompagner ta vie
Que tu tombes au point de me porter enuie,
Et toy bien tost soüiller par quelque lascheté
Cette gloire si chere à ta brutalité !

HORACE.

O Ciel, qui vit iamais vne pareille rage !
Crois-tu donc que ie sois insensible à l'outrage,
Que ie souffre en mon sang ce mortel deshonneur ?
Ayme, ayme cette mort qui fait nostre bonheur,
Et prefere du moins au souuenir d'vn homme
Ce que doit ta naissance aux interests de Rome.

CAMILLE.

Rome, l'vnique obiet de mon ressentiment !
Rome à qui vient ton bras d'immoler mon amant !
Rome qui t'a veu naistre, & que ton cœur adore !
Rome en fin que ie hay parce qu'elle t'honore !
Puissent tous ses voisins ensemble coniurés
Sapper ses fondemens encor mal asseurez,
Et si ce n'st assez de toute l'Italie
Que l'Orient contr'elle à l'Occident s'allie,
Que cent peuples vnis des bouts de l'vniuers
Passent pour la destruire & les mons & les mers,
Qu'elle mesme sur soy renuerse ses murailles
Et de ses propres mains deschire ses entrailles,
Que le couroux du Ciel allumé par mes vœux
Face pleuuoir sur elle vn deluge de feux,
Puissay-ie de mes yeux voir tomber ceste foudre,
Voir ses maisons en cendre & tes lauriers en poudre,

Voir

Voir le dernier Romain à son dernier soupir,
Moy seule en estre cause, & mourir de plaisir.

HORACE *mettant l'espée à la main, & poursuiuant sa sœur qui s'enfuit.*

C'est trop, ma patience à la raison fait place,
Va dedans les Enfers joindre ton Curiace.

CAMILLE *blessée derriere le Theatre.*

Ah traistre !

HORACE *reuenant sur le Theatre.*

Ainsi reçoiue vn chastiment soudain
Quiconque ose pleurer vn ennemy Romain.

SCENE VI.

HORACE, PROCVLE.

PROCVLE.

QVe venez vous de faire ?

HORACE.

Vn acte de iustice,
Vn semblable forfait veut vn pareil supplice.

PROCVLE.

Vous deuiez la traicter auec moins de rigueur.

HORACE.

Ne me dy point qu'elle est & mon sang & ma sœur,
Mon pere ne peut plus l'aduoüer pour sa fille,
Qui maudit son pays renonce à sa famille.
De noms si plains d'amour, ne luy sont plus permis,
De ses plus chers parents il fait ses ennemis,
Le sang mesme les arme en haine de son crime,
La plus prompte vangeance en est plus legitime,
Et ce souhait impie, encore qu'impuissant,
Est vn monstre qu'il faut estouffer en naissant.

SCENE VII.

HORACE, SABINE, PROCVLE.

SABINE.

A Quoy s'arreste icy ton illustre colere ?
Vien voir mourir ta sœur dans les bras de ton pere,
Vien repaistre tes yeux d'vn spectacle si doux,
Ou si tu n'es point las de ces genereux coups,
Immole au cher pays des vertueux Horaces
Ce reste malheureux du sang des Curiaces,
Si prodigue du tien n'espargne par le leur,
Ioints Sabine à Camille, & ta femme à ta sœur,
Nos crimes sont pareils ainsi que nos miseres,
Ie soûpire comme elle & déplore mes freres,
Plus coupable en ce point contre tes dures loix
Qu'elle n'en pleuroit qu'vn & que i'en pleure trois,
Qu'apres son chastiment ma faute continuë.

HORACE.

Seche tes pleurs, Sabine, ou les cache à ma veuë,
Rends toy digne du nom de ma chaste moitié,
Et ne m'accable point d'vne indigne pitié.
Si l'absolu pouuoir d'vne pudique flame
Ne nous laisse à tous deux qu'vn penser & qu'vne ame,
C'est à toy d'esleuer tes sentiments aux miens,
Non à moy de descendre à la honte des tiens.
Ie t'ayme & ie cognoy la douleur qui te presse,
Embrasse ma vertu pour vaincre ta foiblesse,
Participe à ma gloire au lieu de la souiller,
Tasche à t'en reuestir, non à m'en despoüiller.
Et tu de mon honneur si mortelle ennemie
Que ie te plaise mieux tombé dans l'infamie ?
Sois plus femme que sœur, & te reglant sur moy
Fay toy de mon exemple vne immuable loy.

SABINE.

Cherche pour t'imiter des ames plus parfaites,
Ie ne t'impute point les pertes que i'ay faites,
I'en ay les sentiments que ie dois en auoir,
Et ie m'en prends au sort plustost qu'à ton deuoir.
Mais aussi ie renonce à la vertu Romaine
Si pour la posseder ie dois estre inhumaine,
Et ne puis voir en moy la femme du vainqueur
Sans y voir des vaincus la déplorable sœur.
Prenons part en public aux victoires publiques,
Pleurons dans la maison nos malheurs domestiques,
Et ne regardons point des biens communs à tous
Quand nous voyons des maux qui ne sont que pour nous.
Pourquoy veux-tu, cruel, agir d'vn autre sorte?
Laisse en entrant icy tes lauriers à la porte.
Mesle tes pleurs aux miens. Quoy ces lasches discours
N'arment point ta vertu contre mes tristes iours!
Mon crime redoublé n'esmeut point ta colere!
Que Camille est heureuse! elle a peu te déplaire,
Elle a receu de toy ce qu'elle a pretendu,
Et recouure là bas tout ce qu'elle a perdu.
Cher espoux, cher auteur du tourment qui me presse,
Escoute la pitié si ta colere cesse,
Exerce l'vn ou l'autre apres de tels malheurs
A punir ma foiblesse, ou finir mes douleurs,
Ie demande la mort pour grace ou pour supplice,
Qu'elle soit vn effet d'amour ou de iustice,
N'importe, tous ses traits me sembleront fort doux
Si ie les voy partir de la main d'vn espoux.

HORACE.

Quelle iniustice aux Dieux d'abandonner aux femmes
Vn empire si grand sur les plus belles ames,

Et de se plaire à voir de si foibles vainqueurs
Regner si puissamment sur les plus nobles cœurs !
A quel point ma vertu deuient-elle reduite ?
Rien ne la sçauroit plus garantir que la fuite,
Adieu, ne me suy point, ou retiens tes souspirs.

SABINE *seule.*

O colere, ô pitié, sourdes à mes desirs ! (lasse
Vous negligez mon crime, & ma douleur vous
Et ie n'obtiens de vous ny supplice, ny grace.
Allons y par nos pleurs faire encor vn effort
Et n'employons aprés que nous à nostre mort.

Fin du quatriesme Acte.

ACTE V.

SCENE PREMIERE.

Le vieil HORACE, HORACE.

Le vieil HORACE.

Etirons nos regards de cét obiet funeste
Pour admirer icy le iugement celeste,
Quand la gloire nous enfle il sçait bien comme il faut
Confondre nostre orgueil qui s'esleue trop haut,
Nos plaisirs les plus doux ne vont point sans tristesse,
Il mesle à nos vertus des marques de foiblesse,
Et rarement accorde à nostre ambition,
L'entier & pur honneur d'vne bonne action,
Ie ne plains point Camille , elle estoit criminelle,
Ie me tiens plus à plaindre , & ie te plains plus qu'elle, (main,
Moy , d'auoir mis au iour vn cœur si peu Ro-
Toy, d'auoir par sa mort deshonnoré ta main.
Ie ne la trouue point iniuste ny trop prompte,

Mais tu pouuois, mon fils, t'en espargner la honte,
Son crime, quoy qu'enorme & digne du trespas,
Estoit mieux impuny que puny par ton bras.

HORACE.

Disposés de mon sort, les loix vous en sont maistre,
I'ay creu deuoir ce coup aux lieux qui m'ont veu naistre,
Si mon zele au pays vous semble criminel,
S'il m'en faut receuoir vn reproche eternel,
Si ma main en deuient honteuse & profanée,
Vous pouuez d'vn seul mot trancher ma destinée,
Reprenez vostre sang de qui ma lascheté
A si mal à propos soüillé la pureté,
Ma main n'a peu souffrir de crime en vostre race,
Ne souffrez point de tache en la maison d'Horace,
C'est en ces actions dont l'honneur est blessé
Qu'vn pere tel que vous se monstre interessé,
Son amour doit se taire ou toute excuse est nulle,
Luy mesme il y prend part lors qu'il les dissimule,
Et de sa propre gloire il fait trop peu de cas
Quand il ne punit point ce qu'il n'approuue pas.

Le vieil HORACE.

Il n'vse pas tousiours d'vne rigueur extréme,
Il espargne ses fils bien souuent pour soymesme,
Sa vieillesse sur eux ayme à se soustenir,
Et ne les punit point pour ne se pas punir
Ie te voy d'vn autre œil que tu ne te regardes,
Ie sçay, mais le Roy vient, ie vois entrer ses gardes.

SCENE II.

TVLLE, *Le vieil* HORACE, VALERE, HORACE, *Troupe de Gardes.*

Le vieil HORACE.

AH Sire, vn tel honneur à trop d'excez pour moy,
Ce n'est point en ce lieu que ie dois voir mon Roy,
Permettez qu'à genoux...

TVL-

TVLLE.

Non, leuez-vous, mon pere,
Ie fay ce qu'en ma place vn bon Prince doit faire.
Vn si rare seruice, & si fort important
Veut l'honneur le plus rare, & le plus esclatant:
Vous en auiez desia sa parole pour gage,
Ie ne l'ay pas voulu differer dauantage.
I'ay sçeu par son rapport (& ie n'en doutois pas)
Comme de vos deux fils vous portez le trespas.
Et que desia vostre ame estant trop resoluë
Ma consolation vous seroit superfluë:
Mais ie viens de sçavoir quel estrange malheur
D'vn fils victorieux a suiuy la valeur,
Et que son trop d'amour pour la cause publique
Par ses mains à son pere oste vne fille unique,
Ie sçay que peut ce coup sur l'esprit le plus fort,
Et ie doute comment vous portez cette mort.

Le vieil HORACE.

Sire, auec desplaisir, mais auec patience.

TVLLE.

C'est l'effet vertueux de vostre experience,
Beaucoup par vn long aage ont appris comme vous
Que le malheur succede au bonheur le plus doux,
Peu sçauent comme vous s'appliquer ce remede,
Et dans leur interest toute leur vertu cede.
Si vous pouuez trouuer dans ma compassion
Quelque soulagement pour vostre affliction,
Ainsi que vostre mal sçachez qu'elle est extréme,
Et que Tulle vous plaint autant comme il vous ayme.

VALERE.

Sire, puisque le Ciel entre les mains des Rois
Depose sa iustice & la force des loix,
Et que l'Estat demande aux Princes legitimes
Des prix pour les vertus, des peines pour les crimes,

Souffrez

Souffrez qu'vn bon suiet vous face souuenir
Que vous plaignez beaucoup ce qu'il vous faut punir,
Souffrez . . .

Le vieil HORACE.

Quoy ? qu'on enuoye vn vainqueur au supplice ?

TVLLE.

Permettez, qu'il acheue, & ie feray iustice,
I'ayme à la rendre à tous, à toute heure, en tout lieu,
C'est par elle qu'vn Roy se fait vn demy Dieu,
Et c'est dont ie vous plains qu'apres vn tel seruice,
On puisse contre luy me demander iustice.

VALERE.

Souffrez donc, ô grand Roy le plus iuste des Rois,
Que tous les gens de bien vous parlent par ma voix.
Non que nos cœurs ialoux de ses honneurs s'irritent
S'il en reçoit beaucoup ses hauts faits les meritent,
Adioustez-y plustost que d'en deminuer,
Nous sommes tous encor prests d'y contribuer;
Mais puisque d'vn tel crime il s'est monstré capable
Qu'il triomphe en vainqueur & perisse en coupable,
Arrestez sa fureur, & sauuez de ses mains
Si vous voulez regner le reste des Romains,
Il y va de la perte, ou du salut du reste,
Veu le sang qu'a versé cette guerre funeste,
Et tant de nœuds d'Hymen dont nos heureux destins
Ont vny si souuent des peuples si voisins,
Peu de nous ont ioüy d'vn succés si prospere
Qu'ils n'ayent perdu dans Albe vn cousin, vn beau-frere,
Vn oncle, vn gendre mesme, & ne donnent des pleurs
Dans le bonheur public à leurs propres malheurs,
Si c'est offenser Rome & que l'heur de ses armes
L'authorise à punir ce crime de nos larmes;

Quel

Quel sang espargnera ce barbare vainqueur
Qui ne pardonne pas à celuy de sa sœur,
Et ne peut excuser la douleur vehemente
Que la mort d'vn amant iette au cœur d'vne
amante, (beau
Quand prests d'estre esclairez du nuptial flam-
Elle voit auec luy son espoir au tombeau ?
Faisant triompher Rome il se l'est asseruie
Il a sur nous vn droit & de mort & de vie,
Et nos iours criminels ne pourront plus durer
Qu'autant qu'à sa clemence il plaira l'endurer.
Ie pourrois adiouster aux interests de Rome
Combien vn pareil coup est indigne d'vn homme,
Ie pourrois demander qu'on mist deuant vos yeux
Ce grand & rare exploit d'vn bras victorieux,
Vous verriez vn beau sang pour accuser sa rage
D'vn frere si cruel reiaillir au visage, (uoir,
Vous verriez des horreurs qu'on ne peut conce-
Son aage & sa beauté vous pourroient esmouuoir,
Mais ie hay ces moyens qui sentent l'artifice,
Vous auez à demain remis le sacrifice,
Pensez-vous que les Dieux vangeurs des inno-
cents,
D'vne main parricide acceptent de l'encens ?
Sur vous ce sacrilege attireroit sa peine,
Ne le considerez qu'en obiet de leur haine,
Et croyez auec nous qu'en tous ses trois combats
Le bon destin de Rome à plus fait que son bras,
Puisque ces mesmes Dieux autheurs de sa victoire
Ont permis qu'aussi tost il en soüillast la gloire,
Et qu'vn si grand courage apres ce noble effort
Fust digne en mesme iour de triomphe & de mort.
Sire, c'est ce qu'il faut que vostre arrest decide,
En ce lieu Rome a veu le premier parricide,
La suitte en est à craindre, & la haine des Cieux,
Sauuez nous de sa main & redoutez les Dieux.

TVLLE.

Deffendez vous, Horace.

HORACE.

A quoy bon me deffendre ?
Vous ſçauez l'action, vous le venez d'entendre,
Ce que vous en croyez me doit eſtre vne loy :
Sire, on ſe defend mal contre l'aduis d'vn Roy,
Et le plus innocent que le Ciel ait veu naiſtre
Quand il le croit coupable, il commence de l'eſtre,
C'eſt crime qu'enuers luy ſe vouloir excuſer,
Noſtre ſang eſt ſon bien , il en peut diſpoſer,
Et c'eſt à nous de croire alors qu'il en diſpoſe
Qu'il ne s'en priue point ſans vne iuſte cauſe.
Sire, prononcez donc, ie ſuis preſt d'obeyr,
D'autres ayment la vie , & ie la dois hair.
Ie ne reproche point à l'ardeur de Valere
Qu'en amant de la ſœur il accuſe le frere,
Mes vœux auec les ſiens conſpirent auiourd'huy
Il demande ma mort, ie la veux comme luy ;
Vn ſeul point entre nous met cette difference
Que mon honneur par là cherche ſon aſſeurance,
Et qu'à ce meſme but nous voulons arriuer
Luy pour fleſtrir ma gloire, & moy pour la ſauuer.
Sire , c'eſt rarement qu'il s'offre vne matiere
A mõſtrer d'vn grand cœur la vertu toute entiere.
Suiuant l'occaſion elle agiſt plus ou moins
Et paroiſt forte ou foible aux yeux de ſes teſmoins.
Le peuple qui voit tout ſeulement par l'eſcorce
Prend droit par ſes effets de iuger de ſa force,
Et s'oſe imaginer par vn mauuais diſcours
Que qui fait vn miracle en doit faire touſiours.
Apres vne action pleine, haute, éclatante,
Tout-ce qui brille moins remplit mal ſon attente,
Il veut qu'on ſoit égal en tout temps, en tous lieux,
Il n'examine point ſi lors on pouuoit mieux.
Ny que s'il ne voit pas ſans ceſſe vne merueille,

L'o-

L'occasion est moindre & la vertu pareille.
Son iniustice accable & destruit les grands noms,
L'honneur des premiers faits se perd par les seconds,
Et quand la renommée a passé l'ordinaire
Si l'on n'en veut déchoir il ne faut plus rien faire.
Ie ne vanteray point les exploits de mon bras,
Vostre Maiesté, Sire, a veu mes trois combats,
Il est bien mal aisé qu'vn pareil les seconde,
Qu'vne autre occasion à celle-cy responde,
Et que tout mon courage aprés de si grands coups
Paruiennent à des succés qui n'aillent au dessous,
Si bien que pour laisser vne illustre memoire
La mort seule auiourd'huy peut conseruer ma gloire,
Encor la falloit-il si tost que i'eus vaincu,
Puisque pour mon honneur i'ay desia trop vescu,
Vn homme tel que moy voit sa gloire ternie
Quand il tombe en peril de quelque ignominie,
Et ma main auroit sçeu desia m'en garantir,
Mais sans vostre congé mon sang n'ose sortir,
Comme il vous appartient, vostre adveu doit se prendre,
C'est vous le desrober qu'autrement le respandre,
Rome ne manque point de genereux guerriers,
Assez d'autres sans moy soustiendront vos lauriers,
Que vostre Majesté desormais m'en dispense,
Et si ce que i'ay fait vaut quelque recompense
Permettez, ô grand Roy que de ce bras vainqueur
Ie m'immole à ma gloire, & non pas à ma sœur.

SCENE

SCENE III.

TVLLE, VALERE, *Le vieil* HORACE, HORACE, SABINE, IVLIE.

SABINE.

SIre, escoutez Sabine, & voyez dans son ame
Les douleurs d'vne sœur, & celles d'vne femme,
Qui toute desolée à vos sacrez genoux
Pleure pour sa famille & craint pour son espoux.
Ce n'est pas que ie vueille auec cét artifice
Desrober vn coupable au bras de la iustice,
Quoy qu'il ait fait pour vous, traitez-le comme tel,
Et punissez en moy ce noble criminel.
De mon sang malheureux expiés tout son crime,
Vous ne changerez point pour cela de victime,
Ce n'en sera point prendre vne iniuste pitié,
Mais en sacrifier la plus chere moitié.
Les nœuds de l'Hymenée, & son amour extréme
Font qu'il vit plus en moy qu'il ne vit en luy-mesme,
Et si vous m'accordez de mourir auiourd'huy
Il mourra plus en moy qu'il ne mourroit en luy.
La mort que ie demande & qu'il faut que i'obtienne
Augmentera sa peine, & finira la mienne.
Sire, voyez l'excez de mes tristes ennuis
Et l'effroyable estat où mes iours sont reduits,
Quelle horreur d'embrasser vn hõme dont l'espée
De toute ma famille a la trame coupée,
Et quelle impieté de hair vn espoux
Pour auoir bien seruy les siens, l'Estat, & vous?
Aymer vn bras soüillé du sang de tous mes freres!
N'aymer pas vn mary qui finit nos miseres!
Sire, deliurez-moy par vn heureux trespas
Des crimes de l'aymer, & de ne l'aymer pas.

I'en

I'en nommeray l'arrest vne faueur bien grande,
Ma main peut me donner ce que ie vous demande :
Mais ce trespas en fin me sera bien plus doux
Si ie puis de sa honte affranchir mon espoux,
Si ie puis par mon sang appaiser la colere
Des Dieux qu'a peu fascher sa vertu trop seuere,
Satisfaire en mourant aux manes de sa sœur,
Et conseruer à Rome vn si bon defenseur.

Le vieil HORACE.

Sire, c'est donc à moy de respondre à Valere
Mes enfans auec luy conspirent contre vn pere,
Tous trois veulent me perdre, & s'arment sans raison
Contre si peu de sang qui reste en ma maison.
Toy qui par douleurs à tes deuoirs contraires
Veux quitter vn mary pour reioindre tes freres,
Va pluitost consulter leurs manes genereux ;
Ils sont morts, mais pour Albe, & s'en tiennent heureux.
Puisque le Ciel vouloit qu'elle fust asseruie,
Si quelque sentiment demeure apres la vie,
Ce malheur semble moindre, & moins rudes ses coups
Voyant que tout l'honneur en retombe sur nous.
Tous trois desaduoüeront la douleur qui te touche,
Les larmes de tes yeux, les soûpirs de ta bouche,
L'horreur que tu fais voir d'vn mary vertueux
Sabine, sois leur sœur, suy ton deuoir comme eux.
Contre ce cher espoux Valere en vain s'anime,
Vn premier mouuement ne fut iamais vn crime,
Et la loüange est deuë au lieu du chastiment
Quand la vertu produit ce premier mouuement.
Aymer nos ennemis auec idolatrie,
De rage en leur trespas maudire la patrie,

Sou-

Souhaiter à l'Estat vn malheur infiny,
C'est ce qu'on nomme crime, & ce qu'il l'a puny,
Le seul amour de Rome a sa main animée,
Il seroit innocent s'il l'auoit moins aymée,
Qu'ay ie dit, Sire, il l'est, & ce bras paternel
L'auroit desia puny s'il estoit criminel,
I'aurois sçeu mieux vser de l'entiere puissance
Que me donnent sur luy les droits de la naissance,
I'ayme trop l'honneur, Sire, & ne suis point de rang
A souffrir ny d'affront, ny de crime en mon sang.
C'est dont ie ne veux point de tesmoin que Valere,
Il a veu quel accueil luy gardoit ma colere
Lors qu'ignorant encor la moitié du combat
Ie croyois que sa fuite auoit trahy l'Estat.
Qui le fait se charger des soins de ma famille?
Qui le fait malgré moy vouloir vanger ma fille?
Et par quelle raison dans son iuste trespas
Prend-il vn interest qu'vn pere ne prend pas?
On craint qu'apres sa sœur il n'en maltraite d'autres;
Sire, nous n'auons part qu'à la honte des nostres,
Et de quelque façon qu'vn autre puisse agir
Qui ne nous touche point ne nous fait point rougir.
Tu peux pleurer Valere, & mesme aux yeux d'Horace.
Il ne prend interest qu'aux crimes de sa race,
Qui n'est point de son sang ne peut faire d'affront
Aux lauriers immortels qui luy ceignent le front.
Lauriers, sacrés rameaux qu'on veut reduire en poudre,
Vous qui mettez sa teste à couuert de la foudre
L'abandonnerez vous à l'infame cousteau
Qui fait choir les méchants sous la main d'vn bourreau?
Romains, souffrirez-vous qu'on vous immole vn homme

Sans

Sans qui Rome auiourd'huy cesseroit d'estre Rome,
Et qu'vn Romain s'efforce à tacher le renom
D'vn guerrier à qui tous doiuent vn si beau nom?
Dy Valere, dy nous, puisqu'il faut qu'il perisse,
Où tu penses choisir vn lieu pour son supplice?
Sera-ce entre ces murs que mille & mille voix
Font resonner encor du bruit de ses exploits?
Sera ce hors des murs au milieu de ces places
Qu'on voit fumer encor du sang de Curiaces,
Entre leurs trois tombeaux, & dans ce champ d'honneur
Tesmoin de sa vaillance, & de nostre bonheur?
Tu ne sçaurois cacher sa peine à sa victoire,
Dans les murs, hors des murs, tout parle de sa gloire,
Tout s'oppose à l'effort de ton iniuste amour
Qui veut d'vn si bon sang soüiller vn si beau iour.
Albe ne pourra pas souffrir vn tel spectacle,
Et Rome auec ses pleurs y mettra trop d'obstacle,
Vous les previendrez, Sire, & par vn iuste arrest
Vous sçaurez embrasser bien mieux son interest,
Ce qu'il a fait pour elle il le peut encore faire,
Il la peut garantir encor d'vn sort contraire.
Sire, ne donnez rien à mes debiles ans,
Rome auiourd'hy m'a veu pere de quatre enfans,
Trois en ce mesme iour sont morts pour sa querelle,
Il m'en reste encor vn, conseruez le pour elle,
N'ostez pas à ses murs vn si puissant appuy,
Et souffrez pour finir que ie m'adresse à luy.
Horace, ne croy pas que le peuple stupide,
Soit le maistre absolu d'vn renom bien solide,
Sa voix tumultueuse assez souuent fait bruit,
Mais vn moment l'esleue, vn moment le destruit,
Et ce qu'il contribuë à nostre renommée

Tou-

Tousiours en moins de rien se dissipe en fumée.
C'est aux Rois, c'est aux grands, c'est aux esprits
bien faits
A voir la vertu pleine en ses moindres effets,
Cet d'eux seuls qu'on reçoit la veritable gloire,
Eux seuls des vrais Heros asseurent la memoire,
Vy tousiours en Horace, & tousiours aupres
d'eux
Ton nom demeurera grand, illustre, fameux,
Bien que l'occasion moins haute, ou moins bril-
lante
D'vn vulgaire ignorant trompe l'iniuste attente.
Ne hay donc plus la vie, & du moins vy pour moy
Et pour seruir encor ton pays & ton Roy.
Sire, i'en ay trop dit, mais l'affaire vous touche,
Et Rome toute entiere a parlé par ma bouche.

VALERE.

Sire, permettez moy.

TVLLE.

Valere c'est assez,
Vos discours par les leurs ne sont pas effacez,
I'en garde en mon esprit les forces plus pressantes,
Et toutes vos raisons me sont encor presentes.
Cette enorme action faite presque à nos yeux
Outrage la nature, & blesse iusqu'aux Dieux.
Vn premier mouuement qui produit vn tel crime
Ne sçauroit luy seruir d'excuse legitime,
Les moins seueres loix en ce point sont d'accord,
Et si nous les suiuons, il est digne de mort.
Si d'ailleurs nous voulons regarder le coupable,
Ce crime quoy que grand, enorme, inexcusable,
Vient de la mesme espée & part du mesme bras
Qui me fait auiourd'huy maistre de deux Estats.
Deux sceptres en ma main, Albe à Rome asseruie
Parlent bien hautement en faueur de sa vie,
Sans luy i'obeyrois où ie donne la loy,

Et

Et ie ſerois ſuiet où ie ſuis deux fois Roy.
Aſſez de bons ſuiets dans toutes les prouinces
Par des vœux impuiſſants s'acquitent vers leurs Princes.
Tous les peuuent aimer, mais tous ne peuuent pas
Par d'illuſtres effets aſſeurer leurs Eſtats,
Et l'art & le pouuoir d'affermir des Couronnes
Sont des dons que le Ciel fait à peu de perſonnes:
De pareils ſeruiteurs ſont les forces des Rois
Et de pareils auſſi ſont au deſſus des loix.
Qu'elles ſe taiſent donc, que Rome diſſimule
Ce que dés ſa naiſſance elle vit en Romule,
Elle peut bien ſouffrir en ſon liberateur
Ce qu'elle a bien ſouffert en ſon premier autheur.
Vy donc Horace, vy guerrier trop magnanime,
Ta vertu met ta gloire au deſſus de ton crime,
Sa chaleur genereuſe a produit ton forfait,
D'vne cauſe ſi belle il faut ſouffrir l'effet.
Vy pour ſeruir l'Eſtat, vy, mais ayme Valere,
Qu'il ne reſte entre vous ny haine ny colere,
Et ſoit qu'il ait ſuiuy l'amour, ou le deuoir,
Sans aucun ſentiment reſous-toy de le voir.
Sabine, eſcoutez moins la douleur qui vous preſſe,
Chaſſez de ce grand cœur ces marques de foibleſſe,
C'eſt en ſechant vos pleurs que vous vous monſtrerez
La veritable ſœur de ceux que vous pleurez.
Mais nous deuons aux Dieux demain vn ſacrifice,
Et nous aurions le Ciel à nos vœux mal propice
Si nos Preſtres, auant que de ſacrifier,
Ne trouuoient les moyens de le purifier.
Son pere en prendra ſoin, il luy ſera facile
D'appaiſer tout d'vn temps les manes de Camille,
Ie la plains, & pour rendre à ſon ſort rigoureux,
Ce que peut ſouhaiter ſon eſprit amoureux,

Puiſ-

Puisque en vn mesme iour l'ardeur d'vn mesme
zele
Acheue le destin de son amant & d'elle,
Ie veux qu'vn mesme iour témoin de leurs deux
morts
En vn mesme tombeau voye enfermer leurs corps.

Le Roy se leue & tous le suiuent horsmis Iulie.

SCENE DERNIERE.

IVLIE.

CAmille, ainsi le Ciel t'auoit bien aduertie
Des tragiques succés qu'il t'auoit preparés,
Mais tousiours du secret il cache vne partie
Aux esprits les plus nets, & les mieux éclairez.
Il sembloit nous parler de ton proche Hymenée.
Il sembloit tout promettre à tes vœux innocents,
Et nous cachant ainsi ta mort inopinée
Sa voix n'est que trop vraye en trompant nostre
sens.

*Albe & Rome auiourd'huy prennent vn autre
face,*
Tes vœux sont exaucez, elles goustent la paix,
Et tu vas estre vnie auec ton Curiace
Sans qu'aucun mauuais sort t'en separe iamais.

FIN.

www.ingramcontent.com/pod-product-compliance
Lightning Source LLC
LaVergne TN
LVHW012359220826
846092LV00002B/563

* 9 7 8 2 3 2 9 6 8 5 0 8 3 *